O GUIA DA ÉTICA

PARA O MUNDO DOS NEGÓCIOS

Dados Internacionais de Catalogação na Publicação (CIP)
(Jeane Passos de Souza – CRB 8ª/6189)

Duncan, Sarah

O guia da ética para o mundo dos negócios / Sarah Duncan; tradução de Cristina Camargo. – São Paulo : Editora Senac São Paulo, 2020.

Título original: The ethical business book: 50 ways you can help protect people, the planet and profits

Bibliografia.
ISBN 978-65-5536-242-8 (impresso/2020)
e-ISBN 978-65-5536-243-5 (ePub/2020)
e-ISBN 978-65-5536-244-2 (PDF/2020)

1. Ética empresarial 2. Sustentabilidade empresarial 3. Sustentabilidade ambiental 4. Responsabilidade social corporativa (RSC). I. Título. II. Camargo, Cristina.

20-1184t

CDD - 658.408
BISAC - BUS072000

Índice para catálogo sistemático:
1. Ética empresarial 658.408
2. Sustentabilidade ambiental : Responsabilidade social
658.408

Sarah Duncan

O GUIA DA ÉTICA
PARA O MUNDO DOS NEGÓCIOS

Tradução: Cristina Camargo

Editora Senac São Paulo – São Paulo – 2020

Administração Regional do Senac no Estado de São Paulo
Presidente do Conselho Regional: Abram Szajman
Diretor do Departamento Regional: Luiz Francisco de A. Salgado
Superintendente Universitário e de Desenvolvimento: Luiz Carlos Dourado

Editora Senac São Paulo
Conselho Editorial: Luiz Francisco de A. Salgado
Luiz Carlos Dourado
Darcio Sayad Maia
Lucila Mara Sbrana Sciotti
Jeane Passos de Souza
Gerente/Publisher: Jeane Passos de Souza (jpassos@sp.senac.br)
Coordenação Editorial/Prospecção: Luís Américo Tousi Botelho (luis.tbotelho@sp.senac.br)
Dolores Crisci Manzano (dolores.cmanzano@sp.senac.br)
Administrativo: grupoedsadministrativo@sp.senac.br
Comercial: comercial@editorasenacsp.com.br

Edição e Preparação de Texto: Ana Luiza Candido
Revisão de Texto: Camila Lins
Projeto Gráfico Original: Caroline Li
Capa: Antonio Carlos de Angelis
Editoração Eletrônica: Veridiana Freitas
Impressão e Acabamento: Gráfica CS

Proibida a reprodução sem autorização expressa.
Todos os direitos desta edição reservados à
Editora Senac São Paulo
Rua 24 de Maio, 208 – 3º andar – Centro – CEP 01041-000
Caixa Postal 1120 – CEP 01032-970 – São Paulo – SP
Tel. (11) 2187-4450 – Fax (11) 2187-4486
E-mail: editora@sp.senac.br
Home page: http://www.livrariasenac.com.br

A edição original deste livro foi produzida e publicada em 2019 pela LID Publishing Limited, sob o título
The ethical business book: 50 ways you can help protect people, the planet and profits.

© Sarah Duncan, 2019
© Editora Senac São Paulo, 2020

SUMÁRIO

Nota do editor	9
Nota da autora sobre sustentabilidade	11
Introdução	13
PARTE 1: Protegendo os lucros	**17**
1. O único caminho é a ética	18
2. A RSC evoluiu	20
3. Se você vai mudar, mude para valer	24
4. Todo mundo tem de começar por algum lugar	28
5. Qual é o seu propósito moral?	30
6. Tudo se resume ao tripé da sustentabilidade	34
7. Declarações de missão precisam de significado	38
8. Construa a empresa do futuro	40
9. Esqueça a equipe A e traga a equipe B	42
10. Quem você está protegendo?	44
PARTE 2: Protegendo os colaboradores	**49**
1. Por que alguém trabalharia aqui?	50
2. Adotando uma cultura consciente	54
3. Abrace a diversidade	56
4. Encontre seu propósito pessoal	58
5. Sua equipe está disfuncional?	60

6. Abram alas para os gênios	64
7. Encontre o seu intraempreendedorismo social	66
8. A era dos ecolíderes	68
9. Como evitar o esfriamento	72
10. Plano de ação para os colaboradores	74

PARTE 3: Protegendo os consumidores — **81**

1. Cuidarás bem de teus clientes	82
2. O consumismo consciente pode estar matando seu negócio?	84
3. Atenda aos desejos de seus consumidores	86
4. Coloque-se no lugar dos seus consumidores	88
5. Fale com seus maiores fãs	90
6. Alguém está realmente ouvindo?	92
7. É hora dos favores em cadeia?	96
8. Seus clientes são pouco fiéis ou totalmente comprometidos?	98
9. Abram alas para os *millennials* maduros	100
10. Plano de ação para o consumidor	102

PARTE 4: Protegendo o planeta — **109**

1. Não há um planeta B	110
2. Reduzindo sua pegada de carbono	114
3. Economizando energia	116
4. Economizando água	120

5. Nem todos os resíduos têm a mesma origem — 122
6. Seu negócio é um rio ou um lago? — 124
7. Criando uma rede de abastecimento sustentável — 126
8. Você é um eco ou um egoguerreiro? — 130
9. Superando as resistências — 132
10. Plano de ação para o planeta — 134

PARTE 5: Marketing ético — **141**
1. Marketing – da manipulação à autenticidade — 142
2. Os novos princípios do marketing ético — 144
3. *Greenwashing* não cola — 146
4. Muito pouco, muito barulho, muito tarde? — 148
5. Histórias e dados — 150
6. A reinvenção do "pague um, leve dois" — 154
7. Navegando na concorrência — 156
8. Você é um agente de mudança ético? — 158
9. Esforço mínimo, retorno máximo — 160
10. O ciclo ético infinito — 164

Considerações finais — **168**
Referências e leituras complementares — **175**
Agradecimentos — **179**
Sobre a autora — **181**

NOTA DO EDITOR

Desmitificando a lógica de que é impossível ter lucros fazendo o bem, este livro traz uma mensagem muito simples: a ética empresarial não é opção, é uma necessidade. Esta é uma demanda que tem sido cada vez maior, pois há muito sabemos que não há como manter esse discurso apenas no marketing: é preciso transformar as boas intenções em atitudes concretas, que tragam resultados efetivos à sociedade.

Apresentando novas abordagens e técnicas, esta obra elenca conhecimentos preciosos àqueles que desejam trilhar uma jornada ética em seus negócios, mesmo que não saibam por onde começar. Há também lições valiosas para aqueles que julgam não precisar de melhorias. Sempre é possível encontrar um ponto de partida, e sempre há o que ser aperfeiçoado.

Com esta publicação, mais uma vez, o Senac São Paulo reafirma a sua missão de promover a formação de profissionais e indivíduos éticos e responsáveis, que contribuam de modo significativo para as transformações do mundo.

NOTA DA AUTORA SOBRE SUSTENTABILIDADE

Algumas pessoas não deixarão de observar que este livro sobre a importância da sustentabilidade ambiental também produz uma pegada de carbono. No entanto, para que sua mensagem seja amplamente transmitida, achei necessário fazer uma concessão. Retomarei este assunto adiante.

Acredito ser ilusório pensar que empresas (e pessoas) são capazes de adotar comportamentos eticamente *perfeitos* da noite para o dia. As empresas ainda precisam conduzir seus negócios – fazer coisas, distribuir coisas, comunicar coisas. Este livro trata de desafiar todos os aspectos das empresas (e até mesmo das nossas vidas) para ver onde podemos fazer a diferença.

Fiz uma doação para a ClimateCare.org para compensar a produção deste livro. Trata-se de uma organização que auxilia empresas a compensar as emissões de carbono provocadas por suas atividades e a apoiar excelentes projetos de redução de emissões em todo o mundo.

E, no espírito dos "favores em cadeia" (veja a parte 3.7), para cada cem exemplares vendidos deste livro, doarei dez livros de negócios ou educacionais (incluindo outros da série Concise Advice, da LID Publishing) para causas nobres.

Tenho esperança de que, se todos nós fizermos mudanças onde for possível, o impacto geral será significativo.

> *"Você não pode voltar atrás e mudar o começo, mas você pode começar onde está e mudar o fim."*
>
> C. S. Lewis

INTRODUÇÃO

FAZER A COISA CERTA NÃO SIGNIFICA REDUZIR LUCROS

Embora seja irreal pensar que uma empresa pode se tornar totalmente sustentável da noite para o dia, todas as organizações são capazes de começar a seguir essa direção.

Este livro é um guia para tornar a sua empresa melhor – tanto para você como para seus colaboradores, e também para o nosso mundo.

Ele vai ajudar você a descobrir seu propósito moral e a estabelecer uma missão que cative os funcionários, inspire os clientes e favoreça o planeta – provando que fazer o bem e ganhar dinheiro não são ações incompatíveis.

As últimas evidências mostram que práticas empresariais mais conscientes são altamente comerciais. A jornada ética deve se tornar o centro da estratégia de comunicação (interna e externa) de sua empresa, ajudando a diferenciá-la da concorrência.

No entanto, você só pode ser ético no marketing e na comunicação se tiver integridade empresarial. Uma empresa não precisa ser perfeita, mas deve ser honesta em seu empenho para melhorar – partindo do princípio de que é para isso que ela está se esforçando.

As práticas éticas devem ser respaldadas de cima para baixo para serem autênticas e se tornarem parte concreta da cultura de uma empresa.

> Se você é um empresário ou líder, este livro lhe fornecerá as ferramentas para começar a fazer a diferença. Se você trabalha para uma empresa que precisa de mudanças, aqui você encontrará a munição de que precisa para pressionar os tomadores de decisão e apresentar fortes argumentos para a adoção de uma abordagem mais ética nos negócios.

Algumas seções deste livro são bastante detalhadas, mas sem a intenção de ser didáticas demais ou de ensinar o pai-nosso ao vigário. É preciso tempo para avaliar todas as áreas que podem ser aprimoradas em uma empresa, e para algumas delas as soluções são mais facilmente encontradas do que para outras. A intenção é ajudar a dar um passo na direção certa – aonde você vai a partir daí é uma decisão sua.

Nota: Inspirei-me nas ideias de vários livros e artigos sobre o assunto. As fontes foram resumidas ao máximo no texto principal, mas detalhes complementares podem ser encontrados na seção "Referências e leituras complementares".

> **"Não podemos resolver nossos problemas com o mesmo raciocínio que usamos quando os criamos."**
>
> *Albert Einstein*

A prática empresarial evoluiu muito nos últimos tempos. A ascensão das mídias sociais fez as grandes empresas repensarem a conduta de simplesmente empurrar seus produtos para as pessoas (pelo menos no sentido convencional). O poder agora está cada vez mais nas mãos dos consumidores.

Hoje contamos com amigos e influenciadores para orientar nossas compras, e não com a publicidade.

Propagandas enganosas são rapidamente denunciadas. E maus serviços são expostos via compartilhamento nas mídias sociais. Os clientes exigem transparência e também querem saber mais sobre os bastidores das corporações. Agora demanda-se das empresas que contem sua história ou encontrem sua "narrativa".

Para clientes e funcionários, nunca foi tão importante estar associado a boas ações éticas, e isso continuará a ser um diferencial na tomada de decisões.

Por isso, em termos práticos, reconhecer e responder a esta dinâmica de mercado irá proteger seus lucros a longo prazo.

> **NESTA PARTE,** examinaremos os benefícios que a adoção de uma postura ética pode trazer e depois analisaremos por onde uma empresa pode começar – desenvolvendo um objetivo moral superior, um modelo de negócios robusto e planos de ação.

PARTE UM

- PESSOAS FELIZES
- PLANETA SAUDÁVEL
- LUCROS MAIS ELEVADOS

- MAUS NEGÓCIOS
- VALORES ULTRAPASSADOS
- MARKETING UNIDIRECIONAL

PROTEGENDO OS LUCROS

1. O ÚNICO CAMINHO É A ÉTICA

Hoje em dia é amplamente reconhecido que as empresas têm mais responsabilidades além da simples obtenção de lucro. Mas há muitos chefes de finanças que preferem ignorar o debate moral.

> Por isso é importante, logo no início, estabelecer o objetivo ético e o financeiro.

O argumento a favor da adoção de práticas empresariais mais éticas e sustentáveis é forte e está relacionado ao impulsionamento de receita a longo prazo, à redução de custos e ao gerenciamento de riscos.

Eis algumas razões comerciais convincentes para apoiar a mudança ética.

AUMENTO DAS RECEITAS (A LONGO PRAZO)	Empresas consideradas socialmente responsáveis são recompensadas com mais clientes, cada vez mais satisfeitos e leais. Atitudes irresponsáveis podem afastá-los. Da mesma forma, empresas com preocupações éticas buscarão fornecedores e parceiros que partilhem de seus princípios. Os funcionários também se sentem mais atraídos e comprometidos com empresas cujo propósito moral é perceptível.
CUSTOS REDUZIDOS	Uma conduta sustentável pode reduzir custos, pois contribui para a economia de energia, a diminuição do desperdício e a redução de ineficiências.
RISCOS GERENCIADOS E INCERTEZAS	O compromisso voluntário com práticas comerciais éticas pode, por sua vez, se tornar uma vantagem competitiva em relação à legislação futura.
MARKETING E COMUNICAÇÃO APRIMORADOS	Empresas com histórias autênticas e convincentes geram maior confiança e interesse nos clientes.

Até que ponto as pessoas mais experientes da sua empresa concordam com esses princípios?

2. A RSC EVOLUIU

O conceito tradicional de responsabilidade social corporativa (RSC) abrange principalmente aquilo que, em geral, é aceito e exigido pela sociedade como o comportamento empresarial adequado – tanto jurídica como economicamente. Pode-se dizer que a ética empresarial começa onde a lei termina. Ela se preocupa principalmente com questões que não estão cobertas pela lei e que, portanto, estão sujeitas à interpretação.

A discussão sobre a ética de certas práticas empresariais (e a pressão das partes interessadas, os *stakeholders*, e da sociedade) pode levar a mudanças na lei, mas, em muitos casos, as condutas dependem muito da bússola moral da empresa.

A pirâmide ao lado ilustra a diferença entre as responsabilidades de uma empresa no que diz respeito ao que a sociedade exige e ao que espera ou deseja.

A sociedade espera a responsabilidade ética, mas cabe às empresas éticas fazer a coisa certa, uma vez que não são obrigadas a proceder dessa forma por lei.

A filantropia, no topo, não é de forma alguma uma responsabilidade, mas é altamente recomendável e, em boa parte das sociedades, muito necessária.

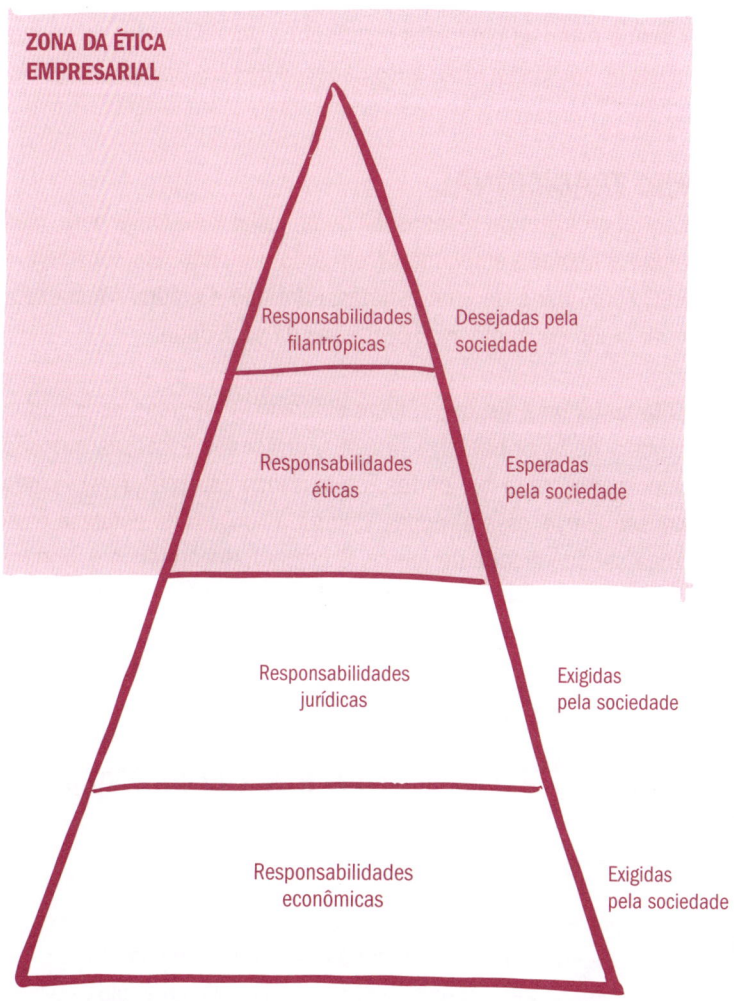

Fonte: Modelo piramidal da RSC, de Archie B. Carroll (Crane e Matten, 2010).

A forma como as empresas organizam a prioridade dos diferentes níveis de comportamento ético depende de suas estratégias gerais.

RSC TRADICIONAL

Esta abordagem da responsabilidade social é de longa data, mas ainda é adotada amplamente em todo o mundo. Ela considera a RSC como parte de uma estratégia em que a empresa lucra sem levar muito em conta as expectativas da sociedade.

Entretanto, uma vez que o lucro é gerado, a empresa dedica uma parcela do valor obtido a projetos, atividades e causas que são importantes para as partes interessadas (*stakeholders*). Como consequência, essa atividade valoriza a imagem da empresa e reforça sua identidade de marca. O comportamento ético é, portanto, "agregado". No modelo piramidal de Carroll, essas atividades correspondem, principalmente, à filantropia (responsabilidades filantrópicas).

APRESENTANDO A NOVA ÉTICA EMPRESARIAL

Para as empresas éticas modernas, o comportamento responsável é uma oportunidade de gerar lucros e de, ao mesmo tempo, corresponder às expectativas da sociedade. Em vez de desembolsar dinheiro unilateralmente, elas trabalham com os *stakeholders* para entender suas demandas e anseios. Para essas empresas, o comportamento ético e sustentável faz parte do seu principal ramo de atividade – ou é intrínseco a ele.

Atualmente, a RSC tradicional é considerada uma fórmula antiga – lucrar primeiro para depois aplicar o dinheiro em alguma ação socialmente responsável. A nova fórmula desenvolve o propósito ético na empresa logo no início do ano fiscal, e não ao final dele.

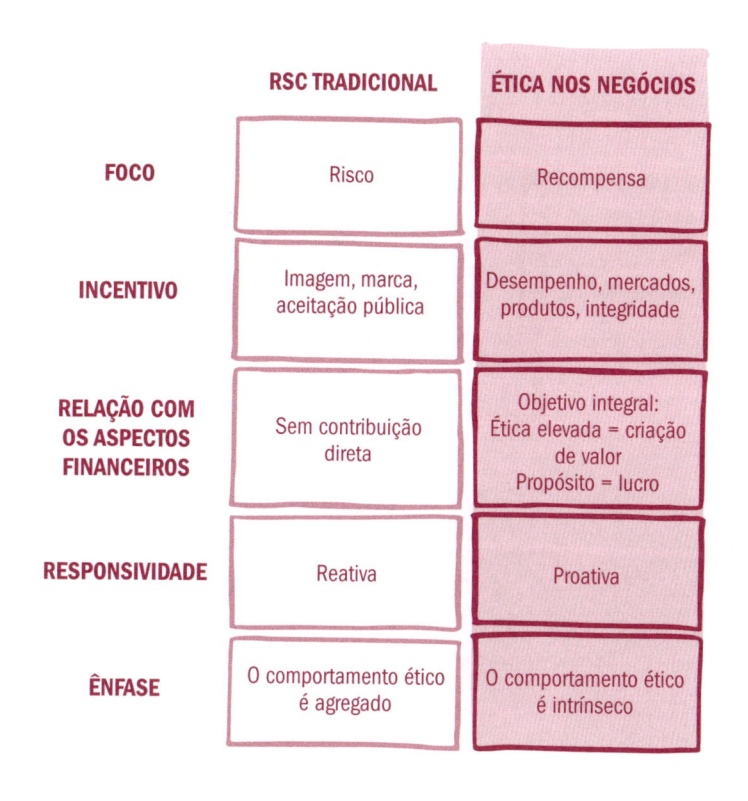

	RSC TRADICIONAL	ÉTICA NOS NEGÓCIOS
FOCO	Risco	Recompensa
INCENTIVO	Imagem, marca, aceitação pública	Desempenho, mercados, produtos, integridade
RELAÇÃO COM OS ASPECTOS FINANCEIROS	Sem contribuição direta	Objetivo integral: Ética elevada = criação de valor Propósito = lucro
RESPONSIVIDADE	Reativa	Proativa
ÊNFASE	O comportamento ético é agregado	O comportamento ético é intrínseco

3. SE VOCÊ VAI MUDAR, MUDE PARA VALER

Mudar para valer significa dar uma nova direção à mentalidade e às ações em todos os aspectos dos negócios, o que implica uma transformação tanto sistêmica quanto pessoal.

O livro *Sustainable business: a one planet approach*, de Jeanrenaud, Jeanrenaud e Gosling (2016), enfatiza claramente as mudanças necessárias para que uma empresa se torne mais ética e sustentável.

ÁREA	MUDAR DE:	PARA:
AUTOSSU-FICIÊNCIA	Foco em problemas de sustentabilidade "lá fora".	Inclusão das dimensões pessoal e interna da mudança social "aqui dentro" ou "de dentro para fora".
CAPITAL	Foco exclusivo no capital financeiro e manufaturado.	Foco que abranja o capital humano, social e natural.
CONSUMO	Uma cultura de hiperconsumismo individual.	Uma cultura de consumo consciente.
EMPREGO	Emprego apenas como um fator de produção, no qual o trabalho é trocado por dinheiro.	Ações que fomentem o empreendedorismo e incentivem o trabalho criativo e consciente.
ENERGIA	Dependência dos combustíveis fósseis e do fornecimento de energia gerenciados por grandes estatais.	Uso de recursos renováveis de energia.
GOVERNANÇA	Modelos de capitalismo acionário do século XX.	Novos modelos de capitalismo de *stakeholders* (partes interessadas).

(cont.)

ÁREA	MUDAR DE:	PARA:
INOVAÇÃO	Processos de inovação controlados de forma centralizada, gradual e voltados para o futuro.	Construção de ecossistemas de inovação.
LIDERANÇA	Estilos "heroicos" de liderança individual.	Uma liderança que construa compromisso e engajamento.
LUGAR	Globalização do comércio.	Construção de economias vivas locais.
MENTALIDADE	Mentalidade de silo e egocentrista.	Mentalidade de sistemas e ecocentrista.
MÉTRICA	Medição por resultados financeiros e por relatórios trimestrais.	Medição do que importa e por meio de novas métricas de sucesso – como o tripé de sustentabilidade (*triple bottom line*).
NATUREZA	Domínio da natureza.	Celebração da diversidade e aprendizado com o mundo natural.
PRODUÇÃO	Obtenção dos suprimentos os mais baratos possíveis.	Uma gestão sustentável da cadeia de suprimentos.

(*cont.*)

ÁREA	MUDAR DE:	PARA:
PROPÓSITO	Foco exclusivo na obtenção de lucros para os acionistas.	Obtenção de lucros com um propósito social, reconhecendo que é possível fazer o bem e ganhar dinheiro.
PROPRIEDADE	Modelos de participação acionária.	Modelos diferentes de propriedade, com estruturas alternativas de poder e autoridade, escalas de remuneração e métricas de desempenho.
PUBLICIDADE	Criação de demandas de consumo e sustentação do consumismo.	Uma publicidade transparente e responsável, que divulgue a origem, o conteúdo, o prazo de validade e o modo de descarte do produto.
RELAÇÕES	Foco exclusivo na concorrência.	Alianças de longo prazo e colaboração com investidores, consumidores e formuladores de políticas.
TECNOLOGIA	Produção em massa, estocagem e transporte global de mercadorias.	Produção descentralizada sob demanda local.
VALORES	De cima para baixo, cultura competitiva.	Do "eu" para o "nós"; cuidar, compartilhar, colaborar e servir à comunidade.

4. TODO MUNDO TEM DE COMEÇAR POR ALGUM LUGAR

Agora que levantamos algumas das questões relacionadas aos negócios éticos, apresentamos uma auditoria básica que pode servir como ponto de partida para que você encontre as áreas onde estão os atuais pontos fortes e fracos de seu negócio.

> Complete o questionário a seguir com seus colegas, em equipe ou individualmente, e use as respostas para iniciar um diálogo sobre o assunto tratado em cada item. 18 respostas *sim* = nota máxima; 9 = trabalho a fazer; 0 a 8 = muito trabalho a fazer.

SIM/NÃO

ABORDAGEM DA EMPRESA

O CEO apoia e prioriza abertamente a sustentabilidade e o comportamento ético.

A sustentabilidade está evidente na declaração da missão da empresa e/ou nos valores da marca.

O modelo de negócios da empresa é projetado para beneficiar as pessoas, o planeta e os lucros.

ENGAJAMENTO E DIVERSIDADE DOS COLABORADORES

Os funcionários têm a oportunidade de se envolver em iniciativas ambientais e éticas.

A empresa cuida de seu pessoal, pagando um salário justo, que garanta o sustento, além de oferecer benefícios extras, como programas de bem-estar.

Grupos sub-representados (mulheres, minorias, LGBTQ+, indivíduos com necessidades especiais) estão inseridos em *todos* os níveis da empresa.

(cont.)

RESPONSABILIDADE AMBIENTAL   SIM/NÃO

A empresa tem políticas específicas de economia de energia e de água. ☐

A reciclagem é uma prioridade, e os funcionários são treinados em procedimentos adequados de triagem de materiais. ☐

Os funcionários são incentivados a utilizar o transporte público ou ir de bicicleta para o trabalho, em vez de usar o carro. ☐

CADEIA DE SUPRIMENTOS E COMPRAS

É dada preferência a fornecedores comprometidos com a sustentabilidade social e ambiental. ☐

É dada preferência a fornecedores locais. ☐

É dada preferência à compra ambientalmente responsável de produtos de papel, produtos de limpeza e itens reutilizáveis. ☐

COMUNIDADE

A empresa tem uma política de serviço comunitário e incentiva o voluntariado entre os funcionários. ☐

A empresa tem uma política de ações beneficentes e faz doações para organizações sem fins lucrativos. ☐

A empresa apoia e/ou patrocina eventos e organizações locais. ☐

MÉTRICAS

A empresa monitora o uso de energia e de água, a geração de resíduos e a emissão de carbono. ☐

Há metas de sustentabilidade estabelecidas e divulgadas para toda a empresa. ☐

As práticas de sustentabilidade da empresa foram certificadas por uma organização independente e de terceiros. ☐

5. QUAL É O SEU PROPÓSITO MORAL?

A definição de um propósito moral mais amplo para o seu negócio deve ter em seu cerne o reconhecimento de que fazer o bem e ganhar dinheiro não são atitudes incompatíveis.

O propósito moral reside na intersecção entre suas forças, suas paixões, os impactos e as recompensas que sua empresa pode gerar.

Ter consciência do que motiva intimamente o seu pessoal e do que você aprendeu a fazer melhor do que ninguém, e saber onde usar essa paixão e talento para gerar benefícios ou mesmo solucionar um problema do mundo, é extremamente poderoso.

As estatísticas reforçam essa importância: 81% dos *millennials* norte-americanos acreditam que uma empresa de sucesso precisa de um propósito real que repercuta entre as pessoas.*

A matriz apresentada a seguir está no livro *Conscious capitalism field guide*, de Sisodia, Henry e Eckschmidt (2018). Ela oferece uma excelente estrutura para identificar onde está, ou deveria estar, o propósito moral de seu negócio.

1. Quais são as maiores forças do nosso negócio? Em que temos potencial para ser os melhores do mundo?

2. Pelo que temos paixão? O que mais amamos naquilo que fazemos?

3. Onde podemos causar um impacto significativo? Que grandes problemas ou necessidades do mundo somos capazes de resolver?

4. Pelo que as pessoas nos dariam uma recompensa? Por quais produtos e serviços nossos clientes pagariam com prazer (talvez até um pouco a mais se pudéssemos fornecê-los de forma mais ética)?

Nota: 73% dos millennials *dos Estados Unidos estão dispostos a pagar mais caro por produtos e serviços sustentáveis.* *

Ao responder a essas perguntas atenta e honestamente, uma empresa estará mais perto de definir seu propósito moral e as ações específicas necessárias para colocá-lo em prática.

Evite atribuir respostas estereotipadas ou superficiais a essas questões vitais.

Dedique tempo suficiente para respondê-las (talvez um *workshop* de um dia inteiro).

Quando todas as perguntas tiverem respostas satisfatórias, verifique como elas se cruzam para gerar o seu propósito moral.

*Veja em "Abram alas para os *millennials* maduros" (parte 3.9).

6. TUDO SE RESUME AO TRIPÉ DA SUSTENTABILIDADE

O tripé da sustentabilidade (*triple bottom line* – termo criado por John Elkington, precursor do pensamento sustentável) é um modelo de negócio que consiste não apenas em obter lucros sólidos, mas também em promover uma alta integridade empresarial e sensibilidade ambiental – resultando tanto em uma estratégia de negócios bem-sucedida como em ações empresariais éticas.

Lidar com imperativos empresariais e éticos envolvendo pessoas, planeta e lucro é como fazer um malabarismo, o qual precisa de tempo e reflexão para dar certo. No entanto, o tripé da sustentabilidade proporciona à empresa a melhor base para o desenvolvimento responsável dos negócios e de todos os benefícios a ele relacionados.

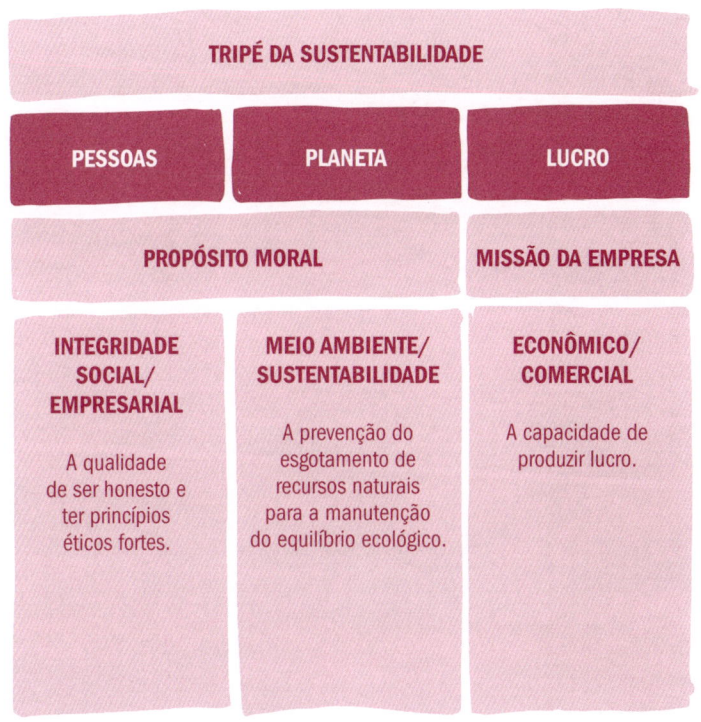

Comece desenvolvendo declarações individuais de intenção relacionadas aos três pilares do tripé: pessoas, planeta e lucro.

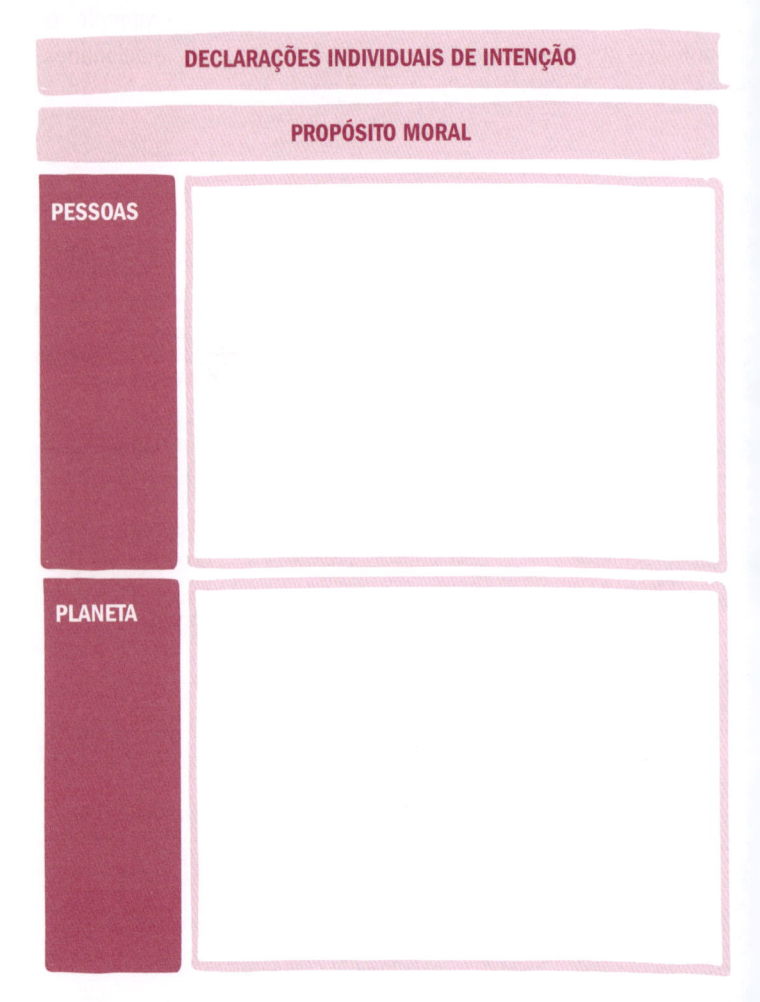

DECLARAÇÕES INDIVIDUAIS DE INTENÇÃO
PROPÓSITO MORAL
PESSOAS
PLANETA

(cont.)

MISSÃO DA EMPRESA

LUCRO

7. DECLARAÇÕES DE MISSÃO PRECISAM DE SIGNIFICADO

Agora que você já tem suas declarações de intenção individuais, você está pronto para criar (ou revisar) a missão geral da empresa – usando o quadro da página ao lado.

Esse exercício não deve ser realizado rapidamente. Completá-lo requer cuidado e atenção adequados, principalmente da equipe de liderança sênior. A adesão e a responsabilidade em relação à missão devem vir do alto escalão da empresa.

DECLARAÇÃO DE MISSÃO COM SIGNIFICADO

Temos a responsabilidade de entregar aos nossos acionistas (missão empresarial ou declaração econômica)...

enquanto (declaração de propósito/s moral/is)...

8. CONSTRUA A EMPRESA DO FUTURO

Vamos recapitular os principais fatores que devem ser observados para transformar uma empresa do passado em uma empresa ética do futuro:

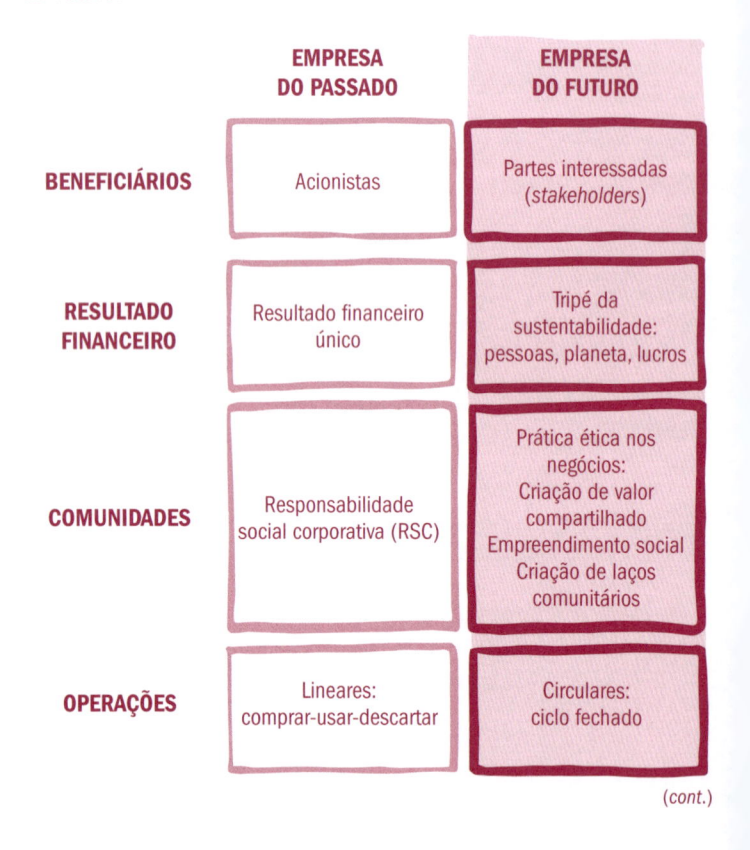

	EMPRESA DO PASSADO	EMPRESA DO FUTURO
BENEFICIÁRIOS	Acionistas	Partes interessadas (*stakeholders*)
RESULTADO FINANCEIRO	Resultado financeiro único	Tripé da sustentabilidade: pessoas, planeta, lucros
COMUNIDADES	Responsabilidade social corporativa (RSC)	Prática ética nos negócios: Criação de valor compartilhado Empreendimento social Criação de laços comunitários
OPERAÇÕES	Lineares: comprar-usar-descartar	Circulares: ciclo fechado

(*cont.*)

	EMPRESA DO PASSADO	**EMPRESA DO FUTURO**
FORÇAS DE MERCADO	Global	Glocal (global + local)
CRESCIMENTO	Infinito	Crescimento verde Crescimento limitado Decrescimento
RELATÓRIO	Curto prazo, trimestral Financeiro	Longo prazo, anual Tripé da sustentabilidade
PUBLICIDADE	Criação de demanda de consumo	Publicidade responsável Marketing autêntico
LIDERANÇA	Heroica	Responsável/ecoliderança

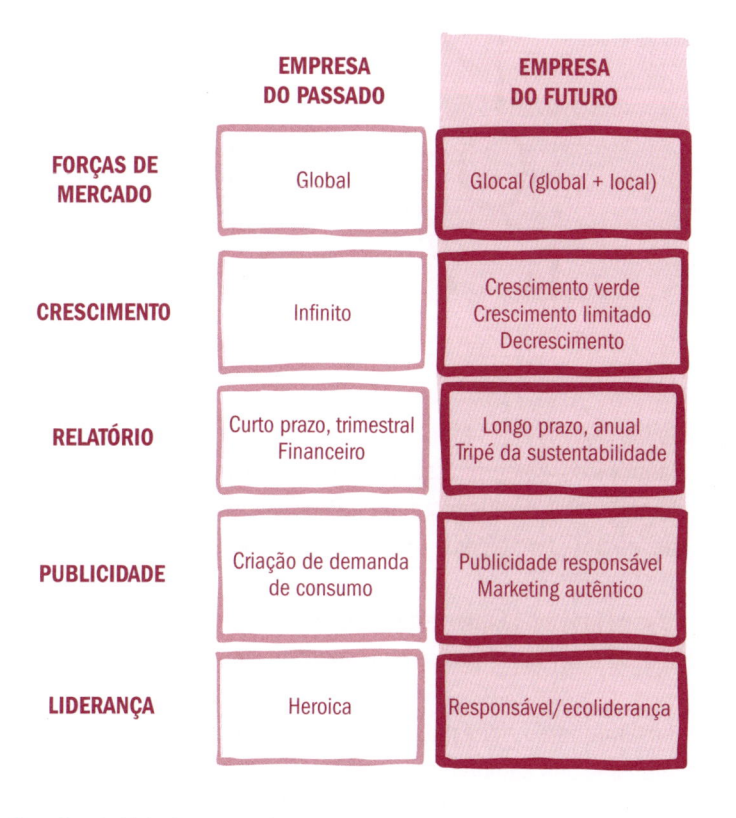

Fonte: *Sustainable business: a one planet approach* (Jeanrenaud, Jeanrenaud e Gosling, 2016).

9. ESQUEÇA A EQUIPE A E TRAGA A EQUIPE B

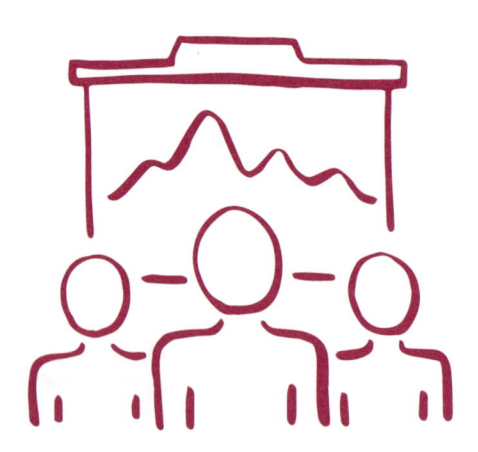

Muitas organizações têm uma política de RSC que inclui assuntos filantrópicos, compromisso comunitário e certo grau de consciência ambiental, mas ignoram ou não admitem o fato de que empresas, de uma forma geral, mais fazem mal do que bem.

Se você realmente quer levar a jornada ética a sério, o próximo passo deverá ser trazer para a sua empresa especialistas no assunto.

Pensando nisso, foi estabelecido o Sistema B, um movimento de empresas que atendem aos mais altos padrões certificados de desempenho social e ambiental, de transparência pública e de responsabilidade jurídica, equilibrando assim lucro e propósito.

Pela avaliação do Sistema B, é possível saber como sua empresa está em relação a dezenas de boas práticas. A avaliação por si só já é uma experiência valiosa, que abrirá seus olhos a respeito de sua empresa e o ajudará a descobrir maneiras de melhorá-la.

Caso sua empresa decida ir em busca de uma certificação, ela passará a fazer parte de um grupo cada vez maior de corporações que acreditam que os problemas mais desafiadores da sociedade não podem ser resolvidos apenas pelo governo e organizações sem fins lucrativos. Ao aproveitar o poder dos negócios, os integrantes do Sistema B usam os lucros e o crescimento como um meio para um fim maior: gerar impactos positivos para seus funcionários, para as comunidades e para o meio ambiente.

Para conferir qual o procedimento ideal para a sua empresa, conhecer os critérios de avaliação e baixar guias e *checklists*, acesse a página sistemab.org.

Existem outros órgãos específicos para cada setor ou indústria que podem oferecer orientação e consultoria em melhores práticas e credenciamento.

Por exemplo, no Reino Unido, na área de serviços de alimentação, existe a Sustainable Restaurant Association (thesra.org), cuja estrutura abrangente engloba abastecimento, sociedade e meio ambiente.

10. QUEM VOCÊ ESTÁ PROTEGENDO?

Antes de começarmos a analisar mais detalhadamente o planeta e seus recursos, vamos nos voltar para as pessoas nas duas próximas partes.

> Empresas precisam de pessoas. Elas precisam de clientes para comprar seus produtos; funcionários para produzir e entregar as mercadorias; fornecedores para prover materiais e suporte; investidores e acionistas para mantê-las em funcionamento; e uma comunidade fiel que apoie seus esforços. Sem um grupo saudável de interessados, os chamados *stakeholders*, os negócios não prosperam.

Quando foi a última vez que você pensou em cada um desses grupos?

Como você pode implementar iniciativas para fortalecer seu relacionamento com eles e se tornar uma empresa melhor?

Anote aqui quais são os seus *stakeholders* e tenha-os em mente ao trabalhar nas próximas seções.

- CLIENTES
- TRABALHADORES
- FORNECEDORES
- COMUNIDADE
- ACIONISTAS

RECAPITULANDO

1. Comece analisando os potenciais benefícios, para seu negócio, de se tornar mais ético e sustentável.
2. Analise as políticas atuais de RSC da sua empresa e as formas de torná-la verdadeiramente ética.
3. Veja todos os aspectos do negócio que podem ser mudados.
4. Faça uma rápida auditoria inicial para identificar as principais áreas de oportunidade.
5. Faça um *brainstorming* sobre o propósito moral da sua empresa.
6. Pense em quais são seus objetivos finais em relação às pessoas, ao planeta e aos lucros – o chamado tripé da sustentabilidade.
7. Combine os pilares do tripé para elaborar uma nova declaração de missão da empresa que seja significativa.
8. Contraste a empresa do passado com a do futuro e elabore um plano de ação.
9. Decida se quer trabalhar por uma certificação e incorpore isto ao seu plano.
10. Analise sua lista de *stakeholders* e defina claramente quais são as pessoas que possuem valor inestimável para o seu negócio e que precisam ser levadas em consideração.

PENSAMENTOS ÉTICOS

> *"Ao contratar pessoas, você deve buscar três qualidades: integridade, inteligência e energia. E, se elas não tiverem a primeira, as outras duas te matarão."*
>
> Warren Buffett

Nenhuma empresa pode ser bem-sucedida sem boas pessoas. E boas pessoas tendem a procurar boas empresas.

Até 2025, 75% da força de trabalho será formada por *millennials* – um grupo que frequentemente se recusa a trabalhar para empresas que não possuam credenciais éticas bem claras.

Como resultado, empresas com posições éticas duvidosas ou questionáveis não vão conseguir atrair os melhores talentos.

Outras estatísticas mostram que funcionários altamente motivados e interessados costumam:

- Gerar 43% mais receita e produzir 12% a mais.
- Tirar cinco dias a menos de licença médica por ano, por membro da equipe.
- Ter 87% menos chances de sair do emprego.

Fonte: *Engaging for success: improving performance through employee engagement* (Macleod e Clarke, 2009).

Como veremos nesta seção, o significado e o propósito desempenham um papel importante na motivação e no compromisso dos colaboradores.

NESTA PARTE, vamos focar em como desenvolver uma nova abordagem ética nos negócios para atrair e reter grandes e diversos talentos.

PARTE DOIS

- PROPÓSITO ELEVADO
- BEM-ESTAR
- DIVERSIDADE

- ESTRESSE
- FALTA DE PERSPECTIVAS
- BULLYING

PROTEGENDO OS COLABORADORES

1. POR QUE ALGUÉM TRABALHARIA AQUI?

Toda empresa deseja atrair os melhores talentos, então comece se perguntando:

> Por que alguém iria querer trabalhar para a sua organização?

Confira nas próximas páginas alguns bons lembretes daquilo que constitui uma boa cultura empresarial, extraídos do livro *Why should anyone work here?*, de Goffee e Jones (2015). Um exemplo completo de pesquisa em recursos humanos também está disponível em: ethicalbusinessblog.com.

Se a resposta a qualquer uma das perguntas for "não", então utilize o espaço em branco ao lado para propor soluções.

ÁREAS CRÍTICAS	MEDIDAS CORRETIVAS
DIFERENÇA: A empresa permite que as pessoas sejam elas mesmas? **Sim/Não**	
HONESTIDADE RADICAL: A empresa permite que as pessoas saibam o que realmente está acontecendo? **Sim/Não**	

(*cont.*)

ÁREAS CRÍTICAS	MEDIDAS CORRETIVAS
VALOR EXTRA: A empresa valoriza os pontos fortes das pessoas? **Sim/Não**	
AUTENTICIDADE: A empresa representa mais do que apenas o seu valor para o acionista? **Sim/Não**	

(cont.)

ÁREAS CRÍTICAS	MEDIDAS CORRETIVAS
SIGNIFICADO: A empresa faz o trabalho fazer sentido? **Sim/Não**	
REGRAS SIMPLES: A empresa esclarece as regras e as aplica indistintamente? **Sim/Não**	

2. ADOTANDO UMA CULTURA CONSCIENTE

Segundo o livro *Conscious capitalism field guide,* de Sisodia, Henry e Eckschmidt (2018), quando você entra em uma empresa, sente a diferença entre uma organização "consciente" e uma que segue os moldes tradicionais. Isso se deve à cultura.

Existem muitos livros e abordagens sobre cultura empresarial. *Conscious capitalism field guide* promove a abordagem TACTILE – um acrônimo de termos em inglês que reúne sete qualidades que devem ser levadas em conta pelas empresas.

- *TRUST* (confiança) – Um alto grau de **confiança** permeia os negócios conscientes, interna e externamente, inclusive em relação aos grupos de interesse.
- *AUTHENTICITY* (autenticidade) – A **autenticidade** é essencial para a conquista da confiança.
- *CARING* (cuidado) – Sentir-se **cuidado** e zelar pelo outro são necessidades humanas fundamentais.
- *TRANSPARENCY* (transparência) – Culturas conscientes são **transparentes**, porque há pouco a esconder.
- *INTEGRITY* (integridade) – O compromisso com a verdade e a justiça está no cerne da **integridade** de uma empresa.
- *LEARNING* (aprendizado) – Um desejo contínuo de **aprendizado** ajuda as empresas a evoluírem com sucesso.
- *EMPOWERMENT* (empoderamento) – Contrate pessoas que se encaixem firmemente na cultura de sua empresa e as **empodere** para que atuem de forma inteligente e criteriosa.

T **TRUST**
(confiança)

A **AUTHENTICITY**
(autenticidade)

C **CARING**
(cuidado)

T **TRANSPARENCY**
(transparência)

I **INTEGRITY**
(integridade)

L **LEARNING**
(aprendizado)

E **EMPOWERMENT**
(empoderamento)

3. ABRACE A DIVERSIDADE

As melhores empresas se beneficiam de uma mistura dinâmica e diversificada de pessoas. Hoje, diversidade e inclusão são, com toda a razão, temas essenciais no mundo dos negócios. Muitas vezes, o primeiro passo pode vir de um debate interno sobre diversidade na equipe, o qual pode depois se estender para a consciência do consumidor e a sensibilidade do marketing.

Assim como algumas das maiores e mais importantes iniciativas empresariais éticas, esta também exige uma abordagem especializada para que seja aplicada de forma adequada e íntegra. Entretanto, as questões apresentadas aqui podem contribuir para o início de um debate saudável.

Escolha cuidadosamente quem você quer que responda a essas perguntas e quem deve participar do debate promovido por elas.

> Tente evitar o clichê "homem hétero branco de classe média" – um cenário frequente nas esferas de tomada de decisão, sem qualquer representação de grupos minoritários.

Qual foi a última vez que a empresa realizou uma auditoria de diversidade e inclusão?

Sua empresa realmente leva as diferenças em consideração? Você pode dar exemplos?

Você tem orgulho da diversidade na sua empresa – incluindo gênero, raça, orientação sexual, necessidades especiais, idade e religião?

Cada um dos grupos mencionados está representado em *todos* os níveis da empresa?

Atualmente, existem panelinhas e silos organizacionais na empresa?

A empresa incentiva o debate aberto sobre diversidade?

Sua empresa tem um gerente de diversidade ou alguém encarregado desses(as) assuntos/ questões?

Seu material de divulgação reflete corretamente a diversidade de seus funcionários e consumidores?

4. ENCONTRE SEU PROPÓSITO PESSOAL

É impossível fazer algo sem contrariar alguém. Sem contar que a falta de um propósito moral corporativo pode reduzir a motivação. Em seu livro *Drive* (2011), Daniel Pink resume a essência da motivação a três elementos cruciais; o terceiro deles é o *propósito*.

1. **AUTONOMIA** é o desejo de comandar nossas próprias vidas.
   Exemplo de pergunta: as pessoas podem trabalhar sem interferências e ser elas mesmas?

2. **MAESTRIA** é a vontade de se aprimorar cada vez mais em algo de interesse.
   Exemplo de pergunta: as pessoas recebem treinamento, apoio e ferramentas suficientes para se tornarem competentes e confiantes em seu trabalho?

3. **PROPÓSITO** é a vontade de fazer o que fazemos em prol de algo maior do que nós mesmos.
   Exemplo de pergunta: o propósito (moral) dos indivíduos está devidamente alinhado ao da equipe, ao do departamento ou ao da empresa?

Capacitação e treinamento podem atender às duas primeiras perguntas, mas para a terceira é necessário um propósito moral corporativo inabalável.

A presença dos três elementos apontados produz altos níveis de motivação. Empresas responsáveis e éticas terão de adotar meios para medir e avaliar se as coisas estão se encaixando para atingir o bem geral.

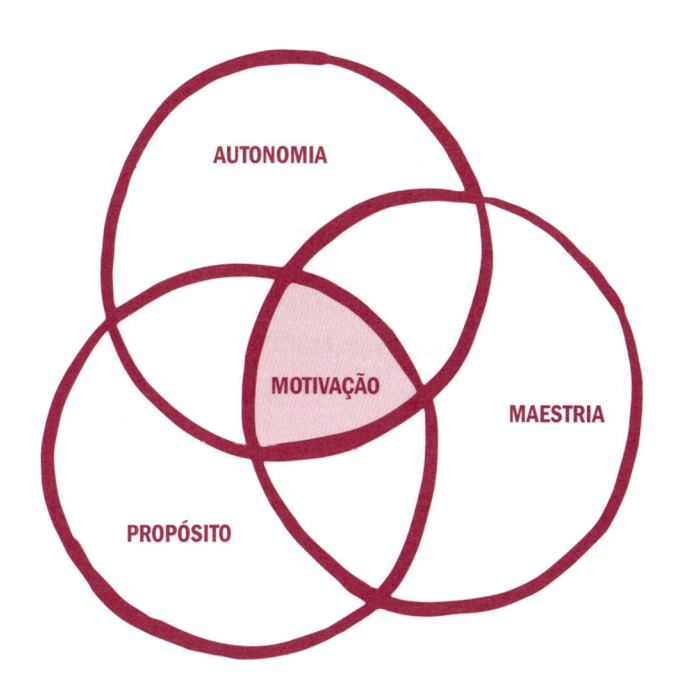

Essas questões podem ser verificadas em vários níveis:

- Individualmente.
- Em grupos.
- Em toda a empresa.

Compare os resultados. Em seguida, identifique e discuta as inconsistências.

5. SUA EQUIPE ESTÁ DISFUNCIONAL?

Boas empresas precisam de equipes funcionais. De acordo com o livro *The five dysfunctions of a team*, de Patrick Lencioni (2002), existem cinco disfunções que podem arruinar a eficiência e a união de qualquer equipe.

Uma disfunção leva à outra, o que torna ainda mais difícil isolar apenas um dos problemas de um grupo. No entanto, a base para encontrar a solução precisa ser a confiança – um dos elementos mais importantes da prática empresarial ética.

Pirâmide

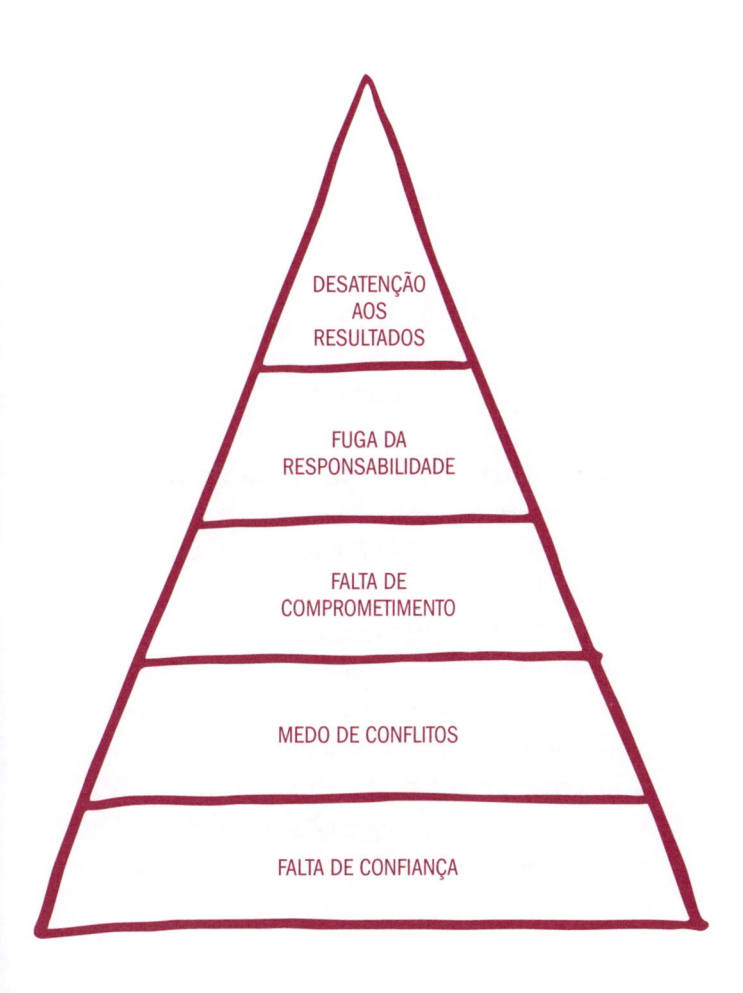

- DESATENÇÃO AOS RESULTADOS
- FUGA DA RESPONSABILIDADE
- FALTA DE COMPROMETIMENTO
- MEDO DE CONFLITOS
- FALTA DE CONFIANÇA

Partindo da base (ou do alicerce) da pirâmide em direção ao topo, os pontos importantes são:

1. FALTA DE CONFIANÇA. Equipes que não falam abertamente sobre erros e fraquezas impossibilitam a construção de uma relação de confiança.

2. MEDO DE CONFLITOS. Equipes desconfiadas são incapazes de participar de debates com sinceridade. Em vez disso, elas recorrem a conversas veladas e a comentários melindrosos.

3. FALTA DE COMPROMETIMENTO. Sem debater com franqueza suas opiniões, os membros da equipe raramente aceitam ou se comprometem com as decisões, se é que alguma vez o fazem.

4. FUGA DA RESPONSABILIDADE. Quando não existe compromisso com um plano de ação definido, até mesmo as pessoas mais focadas falham em solicitar a prestação de contas de seus colegas.

5. DESATENÇÃO AOS RESULTADOS. A falta de prestação de contas cria um ambiente onde os membros da equipe colocam suas necessidades individuais acima das do grupo.

Portanto, para concluir:

- A confiança vem da superação do sentimento de invencibilidade e do reconhecimento de fraquezas.
- O conflito construtivo deve substituir a harmonia artificial.
- Criar comprometimento significa eliminar ambiguidades.
- Responsabilidade tem a ver com níveis de exigência mais elevados.
- Pode-se evitar desatenção aos resultados com a solução de problemas de *status* e ego.

Uma avaliação como esta é capaz de expor irregularidades que podem provocar certo mal-estar nas equipes, portanto, antes de prosseguir, pense com cuidado sobre as consequências dessa análise e sobre quem será envolvido nela.

6. ABRAM ALAS PARA OS GÊNIOS

Você precisa de pessoas brilhantes para administrar uma grande empresa – especialmente se pretende equilibrar adequadamente as necessidades da sociedade, do planeta e do capital. Ter alguns profissionais de renome na equipe pode agregar um valor imenso. São exatamente estas as pessoas que almejam trabalhar para organizações com propósito moral mais amplo, portanto atraí-las e retê-las é fundamental.

Embora os chamados "gênios" sejam brilhantes, eles também podem ter temperamentos difíceis. Sua inteligência é o elemento central de sua identidade; suas habilidades não são facilmente replicadas; eles sabem quanto valem; fazem perguntas difíceis; têm conhecimento organizacional; não se impressionam com a hierarquia; esperam sucesso imediato; querem estar ligados a outras pessoas geniais; e não vão lhe dizer "obrigado".

Eles também têm prazer em quebrar as regras. Podem ser muito sensíveis em relação a seus projetos e nunca ficam satisfeitos com o processo de avaliação.

Por isso, as abordagens tradicionais de liderança são muitas vezes ineficazes com eles. Em vez disso, os chefes precisam lhes dizer o que fazer (e não como fazer), ganhar o respeito deles através da experiência (e não apelando para o cargo) e oferecer um "espaço organizado" para sua criatividade.

Também é preciso reafirmar continuamente o propósito moral da empresa e verificar se está alinhado ao que se pede desses colaboradores. Se isso não for feito, eles certamente irão apontar a lacuna entre estratégia e execução.

Confira uma lista do que se deve e do que não se deve fazer ao trabalhar com esses funcionários.

O QUE FAZER	O QUE NÃO FAZER
Ganhar respeito pelo conhecimento, e não pelo grau de hierarquia.	Apelar para a hierarquia.
Dizer a eles o que você quer que seja feito.	Dizer a eles como fazer.
Estabelecer limites – organizar o espaço para a criatividade.	Criar empecilhos burocráticos.
Dar tempo a eles.	Intervir.
Reconhecer e amplificar as conquistas.	Dar *feedbacks* com frequência.
Incentivar as falhas e maximizar o aprendizado.	Explicar o óbvio (como se eles já não fossem altamente qualificados).
Ser objetivo.	Enganá-los propositalmente.

Fonte: *Clever* (Goffee e Jones, 2009).

7. ENCONTRE O SEU INTRAEMPREENDEDORISMO SOCIAL

Como apresentado no livro *WEconomy*, de Kielburger, Branson e Kielburger (2018), propósito não é algo exclusivo e reservado aos superiores. Qualquer um pode – e deve – ter um propósito no trabalho, pois isso traz benefícios tanto a funcionários ansiosos como à própria empresa.

O livro promove a ideia de que qualquer pessoa em uma empresa pode integrar ou liderar atividades relacionadas a alguma causa – como o dia do voluntariado, eventos beneficentes ou programas de diversidade. Em contrapartida, esse engajamento faz a pessoa ser notada, nem que seja apenas na hora de levar os orçamentos dessas atividades para os executivos seniores assinarem. É uma chance de brilhar (e uma chance em potencial de promover causas éticas de baixo para cima).

Os indivíduos que assumem esse papel são chamados de intraempreendedores sociais – pessoas de uma grande organização que tomam a iniciativa de encontrar soluções para desafios sociais ou ambientais, ao mesmo tempo que agregam valor comercial para a empresa.

Se você aspira ser esse tipo de pessoa, desenvolva as seguintes características e reinvente seu trabalho com um novo propósito:

MENTALIDADE DE APRENDIZ
Aprenda o máximo que puder e o mais rápido possível, encarando tudo o que faz como uma oportunidade de aprender. Afaste o estigma das falhas e erros; eles também são oportunidades de aprendizado.

CONFIANÇA EM SI MESMO
Tenha a discreta confiança de que você pode enfrentar qualquer coisa. Em vez de temer o desconhecido, acredite que você é capaz de lidar com qualquer desafio que venha pela frente.

HUMILDADE
Esteja aberto a outras opiniões, admita seus erros, dedique tempo à autorreflexão e reconheça que você não pode fazer tudo sozinho. Assuma a responsabilidade e divida os elogios. Confie nos outros, em vez de controlá-los.

E
Seja resiliente, perseverante e criativo.

8. A ERA DOS ECOLÍDERES

Liderança é sempre fundamental na hora de promover grandes mudanças nos negócios, e os estilos de liderar têm evoluído ao longo dos anos.

O livro *Sustainable business: a one planet approach*, de Jeanrenaud, Jeanrenaud e Gosling (2016), descreve essa evolução até chegar ao chamado ecolíder (conceito elaborado originalmente nos textos de Simon Western, em 2013).

O diagrama mostra a evolução dos estilos de liderança ao longo do último século.

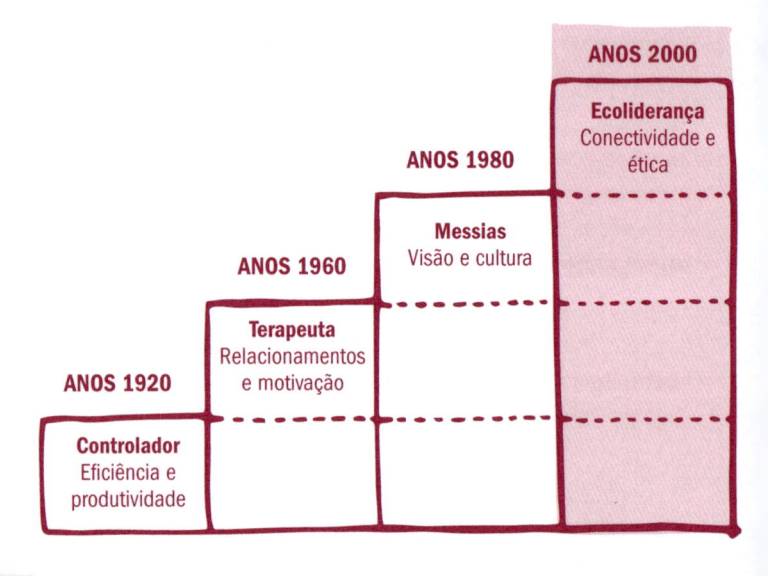

ANOS 2000 — Ecoliderança: Conectividade e ética

ANOS 1980 — Messias: Visão e cultura

ANOS 1960 — Terapeuta: Relacionamentos e motivação

ANOS 1920 — Controlador: Eficiência e produtividade

O livro desenvolve o assunto com mais detalhes, abrangendo os quatro principais estilos e sua inter-relação com as vertentes éticas dos negócios.

Este é um tema interessante de ser considerado, tanto individualmente como em grupos de liderança.

	CONTROLADOR	TERAPEUTA	MESSIAS	ECOLIDERANÇA
VISÃO/OBJETIVOS	**Gaiola de ferro** Maximiza a produção por meio da troca transacional, do controle e da coerção.	**Motivar para produzir** Maximiza a produção através do aumento da motivação, do crescimento pessoal e do trabalho em equipe.	**Cultura de controle** Maximiza a produção através da identificação com a forte cultura da marca, os valores e a missão do líder.	**Holístico e sustentável** O sucesso é redefinido neste novo paradigma. Qualidade, rentabilidade, sustentabilidade e responsabilidade social estão interligadas.

(cont.)

	CONTROLADOR	**TERAPEUTA**	**MESSIAS**	**ECOLIDERANÇA**
PERCEPÇÃO DOS EMPREGADOS	**Robôs** Os funcionários são vistos como ativos humanos.	**Clientes** Os funcionários são tratados e recuperados mediante compensação e criatividade no trabalho.	**Discípulos** Os funcionários seguem o líder e ambicionam ser como ele.	**Trabalho em rede** Os funcionários fazem parte de uma rede, com representação e autonomia, mas também de um todo interdependente, conectado, maior.
COMANDA O QUÊ?	**Corpo** O controlador se concentra no corpo para maximizar a eficiência da produção, através de incentivos e coerção.	**Psique** O terapeuta se concentra na psique para entender a motivação, planejar o aperfeiçoamento profissional e abrir espaço para a autoatualização.	**Alma** O messias trabalha com a alma. Os seguidores se alinham a uma visão, a uma causa maior do que eles mesmos (a empresa).	**Sistemas** Ecolíderes dividem a liderança por todo o sistema. Eles criam espaços para que a liderança floresça.

(cont.)

	CONTROLADOR	**TERAPEUTA**	**MESSIAS**	**ECOLIDERANÇA**
METÁFORA ORGANIZACIONAL	**Máquina** Tem uma visão técnica e racional do mundo, pensa em sistemas fechados, tenta controlar o ambiente interno para maximizar a eficiência.	**Organismo humano** Cria condições para o crescimento pessoal e da equipe, ligando isso ao crescimento e ao sucesso empresarial.	**Comunidade** Lidera uma comunidade. Enfatiza as culturas fortes – a marca antes do indivíduo.	**Ecossistema** Lidera através de conexões e interligação da rede.
CONTROLE	**Burocrático** Controle através de manipulação e policiamento rigoroso.	**Humanista** Controle por gestão emocional e governança terapêutica.	**Cultural** O policiamento é feito por cada um e por colegas. Escritórios sem divisórias, falta de privacidade e vigilância entre colegas são técnicas de controle.	**Sistemas autorreguladores** O controle reside no próprio sistema. Exige recursos e cuidados para a autorregulamentação.

9. COMO EVITAR O ESFRIAMENTO

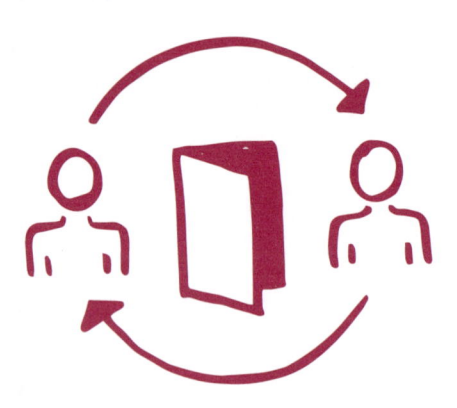

O compromisso ético precisa circular por toda a empresa.

Sem uma comunicação interna robusta e eficaz, os princípios podem facilmente se enfraquecer diante da realidade do dia a dia, como bem mostra o esquema ao lado adaptado do livro *Brand manners*, de Pringle e Gordon (2003). Isto frequentemente é considerado uma falha de estratégia/execução.

> O entusiasmo da diretoria não significa nada se as iniciativas forem vistas com ceticismo pela linha de frente. As estratégias precisam ser bem explicadas para serem aceitas e adotadas com sucesso em todos os níveis da empresa.

Pondere sobre as iniciativas que você pode tomar para evitar que decisões de alto nível venham a definhar gradualmente na empresa.

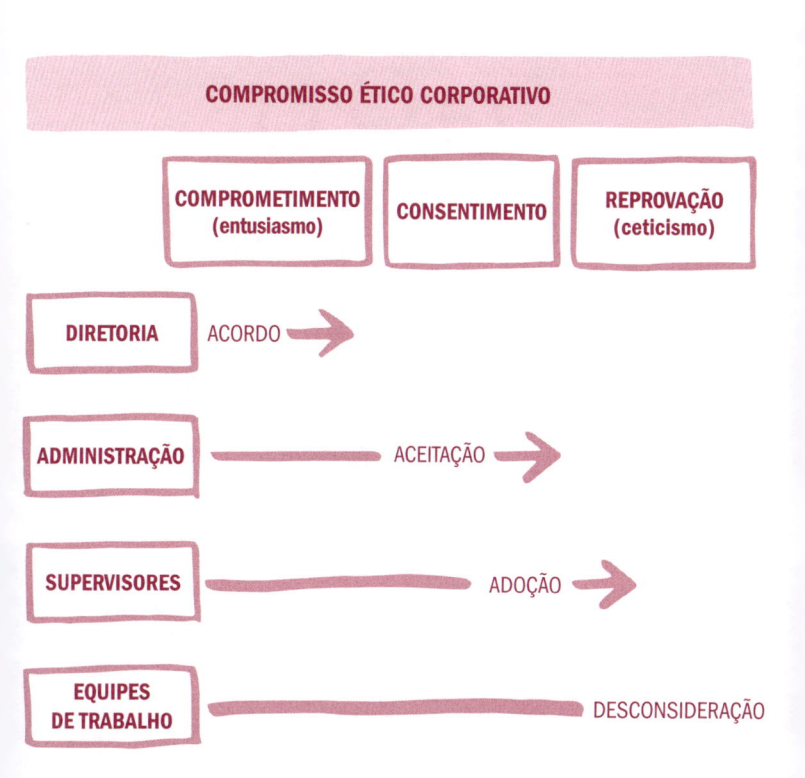

COMPROMISSO ÉTICO CORPORATIVO

| **COMPROMETIMENTO** (entusiasmo) | **CONSENTIMENTO** | **REPROVAÇÃO** (ceticismo) |

- **DIRETORIA** → ACORDO
- **ADMINISTRAÇÃO** → ACEITAÇÃO
- **SUPERVISORES** → ADOÇÃO
- **EQUIPES DE TRABALHO** → DESCONSIDERAÇÃO

10. PLANO DE AÇÃO PARA OS COLABORADORES

Agora que você já pensou muito sobre a importância dos funcionários, use o quadro ao lado para fazer um *brainstorming* de ideias e iniciativas de como obter maior comprometimento e satisfação dos colaboradores.

Além disso, pense em seu plano de comunicação. E considere o número de iniciativas em relação aos seus recursos – veja o item "Esforço mínimo, retorno máximo" (parte 5.9). Optar por realizar bem poucas ações em um curto espaço de tempo pode ser a melhor abordagem.

Tente não desenvolver essas ideias em uma torre de marfim cheia de veteranos. Convide todos os níveis de colaboradores a contribuir para o plano.

PLANO DE AÇÃO PARA O COLABORADOR

INICIATIVAS PARA UM MAIOR ENVOLVIMENTO

REMUNERAÇÃO

Por exemplo, revisão da renda mínima.

CULTURA

Por exemplo, criação de uma "equipe de cultura".

(cont.)

PLANO DE AÇÃO PARA O COLABORADOR

INICIATIVAS PARA UM MAIOR ENVOLVIMENTO

DIVERSIDADE

Por exemplo, auditoria da diversidade.

BEM-ESTAR

Por exemplo, avaliação da alimentação dos funcionários; acesso à saúde e condicionamento físico.

(cont.)

PLANO DE AÇÃO PARA O COLABORADOR

INICIATIVAS PARA UM MAIOR ENVOLVIMENTO

COMUNIDADE

Por exemplo, projeto de voluntariado patrocinado pela empresa.

OUTROS

RECAPITULANDO

1. Pergunte-se por que alguém trabalharia na sua empresa.
2. Considere adotar uma cultura mais consciente.
3. Faça uma auditoria honesta de diversidade.
4. Defina o propósito e a motivação de sua empresa.
5. Avalie e aprimore qualquer equipe disfuncional.
6. Observe atentamente a forma como gerencia e lida com os gênios.
7. Identifique e encoraje qualquer intraempreendedor social.
8. Analise os estilos de ecoliderança.
9. Previna o esfriamento das iniciativas e implemente as medidas apropriadas.
10. Crie um plano de ação para os colaboradores.

PENSAMENTOS ÉTICOS

> *"O mais cruel sobre o poder da confiança é que é algo difícil de se construir e muito fácil de se destruir. A essência da conquista da confiança é destacar as semelhanças entre você e o consumidor."*
>
> Thomas J. Watson

Ser uma marca confiável aos olhos dos clientes é, certamente, o Santo Graal de qualquer negócio. Mas a confiança precisa ser conquistada.

As empresas precisam ouvir seus clientes, entender o que eles querem ou do que precisam e reconhecê-los como seres humanos, não apenas como consumidores de produtos.

O número cada vez maior de consumidores conscientes está forçando as empresas a reverem seus conceitos – mudando do capitalismo egoísta para a participação responsável nos mercados e na sociedade em geral.

Empresas não são nada sem clientes – portanto, cuide bem deles e jamais os ignore.

NESTA PARTE, vamos voltar nossa atenção para os consumidores e falar sobre a importância da adoção de posturas éticas pelas empresas para corresponder às preocupações dos seus clientes com questões ambientais e éticas.

PARTE TRÊS

- FIDELIDADE
- CONFIANÇA
- COMUNIDADE

- VENDA AGRESSIVA
- ELES E NÓS
- EXPLORAÇÃO

PROTEGENDO OS CONSUMIDORES

1. CUIDARÁS BEM DE TEUS CLIENTES

Vamos começar com um lembrete maravilhoso sobre a importância dos consumidores, trazendo a lista dos Dez Mandamentos do Cliente. Eles remontam a Mahatma Gandhi, que supostamente os ensinou aos seus assessores jurídicos.

1. Os clientes são as pessoas mais importantes no nosso negócio.

2. Os clientes não dependem de nós – nós é que dependemos deles.

3. Os clientes não devem ser contestados nem subestimados.

4. Os clientes nos trazem suas necessidades, e nossa função é atendê-las.

5. Os clientes não interrompem nosso trabalho – eles são o objetivo dele.

6. Os clientes nos fazem um favor quando nos chamam – não somos nós que fazemos o favor de atendê-los.

7. Os clientes são parte do nosso negócio, e não estranhos.

8. Os clientes merecem o tratamento mais cortês e atencioso que podemos dar a eles.

9. Os clientes são as pessoas que possibilitam o pagamento dos nossos salários.

10. Os clientes são a força vital desta e de qualquer outra empresa.

Fonte: *The sustainable business* (Scott, 2013).

Considere o seguinte:

Como esses princípios se enquadram na maneira de sua empresa lidar com os consumidores?

Quais partes você pode aproveitar para elaborar o seu próprio estatuto de clientes?

Quais dessas posições éticas são particularmente relevantes para sua área ou produto?

2. O CONSUMISMO CONSCIENTE PODE ESTAR MATANDO SEU NEGÓCIO?

O consumismo consciente (ou cuidadoso) visa ajudar a equilibrar alguns dos impactos negativos do consumismo sobre o planeta.

O consumismo responsável incentiva processos ecologicamente corretos na fabricação de produtos, além de estimular apenas a produção na quantidade necessária. Outros fatores, como igualdade salarial e humanização no trabalho, também encorajam esse tipo de consumo.

> Consumidores conscientes esperam que suas ações individuais promovam um impacto global. Na melhor das hipóteses, eles simplesmente vão evitar marcas consideradas antiéticas, mas, no pior cenário, vão boicotá-las definitivamente. Esse tipo de ação consciente do consumidor é promovido em alguns aplicativos que incentivam o compartilhamento social (e a exposição) do comportamento antiético das marcas.

À medida que o consumismo consciente ganha aderência, as empresas que não atenderem aos critérios de um negócio ético vão perder cada vez mais clientes – e, se não fizerem os ajustes necessários, acabarão sendo destruídas.

Assim, para atrair a atenção de um número cada vez maior de consumidores conscientes, sua empresa precisa pensar em estratégias que cativem esse grupo. Nas próximas seções, vamos analisar com mais detalhes quais iniciativas específicas são ideais para o seu negócio, mas aqui vão alguns exemplos básicos.

VOLTADOS PARA O CONSUMIDOR	NOS BASTIDORES
Dedicar uma porcentagem do lucro, da produção ou do tempo à filantropia.	Cuidar de seus funcionários.
Fabricar produtos de alta qualidade em quantidades limitadas.	Utilizar fontes de energia limpa e renovável.
Oferecer algum tipo de assistência técnica ou de substituição para os produtos (modelo de circuito fechado ou modelo lacustre).	Utilizar serviços de bancos éticos.
	Promover processos de produção sustentáveis.
Usar materiais recicláveis e/ou reutilizáveis sempre que possível.	Organizar uma rede de fornecedores ecologicamente corretos.

3. ATENDA AOS DESEJOS DE SEUS CONSUMIDORES

Se você abriu uma empresa voltada a uma paixão pessoal ou a uma cruzada moral, certamente viu sua base de clientes crescer por eles acreditarem e compartilharem das suas convicções.

Mas se você está na fase de repensar qual pode ou deve ser o propósito principal da sua empresa, você precisa avaliar o que é importante para seus clientes.

As perguntas a seguir vão lhe ajudar a identificar o que seus consumidores mais valorizam e como você pode fazer a diferença em sua área.

Com quais questões éticas nossos clientes estão mais preocupados?

* *Se você não consegue responder a essa pergunta de forma clara e categórica, talvez não conheça seus clientes o suficiente. Se este for o caso, talvez seja necessário fazer uma pausa e encomendar uma pesquisa para perguntar isso a eles.*

Se quiséssemos fazer verdadeiramente a diferença em nossa área, o que poderíamos fazer?

* *A chave aqui está na palavra "verdadeiramente". Não complete este espaço com lugares-comuns. Você precisa de alegações robustas e fundamentadas.*

O que é necessário para realizarmos isso?

* *Por exemplo: mais conhecimento; dinheiro; mão de obra; inovação?*

Fonte: *Authentic marketing* (Weber, 2019).

4. COLOQUE-SE NO LUGAR DOS SEUS CONSUMIDORES

Vamos analisar mais detalhadamente as necessidades dos consumidores. Para compreendê-los plenamente, você precisa pensar como eles – de forma mais direcionada. Este é um exercício de marketing muito eficaz, mas, para a finalidade deste livro, vamos nos concentrar nas motivações éticas e nas respostas das perguntas a seguir sobre desenvolvimento de produtos.

Primeiro, identifique seus diferentes tipos de consumidores (ou públicos-alvo) e depois considere as seguintes áreas/questões – colocando-se no lugar do cliente:

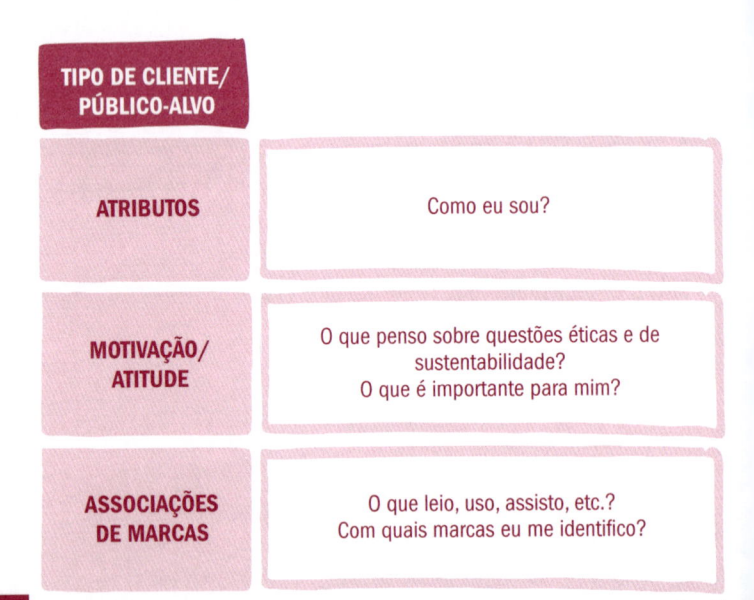

TIPO DE CLIENTE/ PÚBLICO-ALVO	
ATRIBUTOS	Como eu sou?
MOTIVAÇÃO/ ATITUDE	O que penso sobre questões éticas e de sustentabilidade? O que é importante para mim?
ASSOCIAÇÕES DE MARCAS	O que leio, uso, assisto, etc.? Com quais marcas eu me identifico?

(cont.)

| **FRASES MOTIVACIONAIS** | Como expresso minhas necessidades? |

Repita esse exercício para todos os seus principais tipos de clientes e públicos-alvo.

Agora, pense novamente em seus produtos e serviços. Quais deles interessam mais para cada grupo de clientes? Como você se diferencia da concorrência? Qual é a mensagem central mais adequada? E como ela pode chegar até eles?

| **DESENVOLVIMENTO DE PRODUTOS** | Quais detalhes de nossos produtos atendem às necessidades éticas de nossos clientes? |

| **DIFERENCIAIS-CHAVE** | O que nos torna tão especiais em nossa área? |

| **RELACIONAMENTO COM O CLIENTE** | Como é nosso relacionamento com cada cliente? |

| **MARKETING** | Como podemos comunicar nossa mensagem da melhor maneira e em quais canais? |

5. FALE COM SEUS MAIORES FÃS

> Muitas vezes nos sentamos em salas de reunião para debater sobre o que nossos clientes querem e como se sentem a nosso respeito, sem realmente dedicarmos tempo para lançar essas questões a eles.

As três perguntas a seguir devem ser feitas aos seus clientes mais fiéis (mas também podem ser feitas a funcionários e fornecedores).

Do que você mais gosta nesta empresa ou marca?

O que esta empresa ou marca faz por você que nenhuma outra faz?

Se esta empresa ou marca deixasse de existir, o que se perderia? Do que você mais sentiria falta?

Fonte: *Conscious capitalism field guide* (Sisodia, Henry e Eckschmidt, 2018).

É preciso que sejam respostas reais de clientes reais. Não as responda internamente com frases fantasiosas ou "ideais" só para que todos se sintam bem.

6. ALGUÉM ESTÁ REALMENTE OUVINDO?

Se estamos reservando um tempo para solicitar sugestões e *feedback* aos clientes (e outras partes interessadas) sobre questões éticas, é importante que escutemos com atenção – uma habilidade altamente subestimada.

As pessoas mais bem-sucedidas nos negócios ouvem mais do que falam, para que possam compreender plenamente uma situação.

Você é um bom ouvinte?

Peça aos membros de sua equipe que primeiramente preencham o questionário a seguir individualmente, para que suas respostas sejam honestas. Em seguida, organize uma reunião na qual eles possam falar sobre suas dificuldades como ouvintes.

Melhore a audiência para melhorar a eficiência no trabalho – tanto dentro como fora da organização. Se há problemas de percepção fora da empresa, então revise imediatamente o exercício "Fale com os seus maiores fãs".

	Sim/Não
Sonhando Muitas vezes penso em outra coisa enquanto o outro está falando.	☐
Preparando a resposta Durante as conversas, muitas vezes fico aguardando uma pausa, para poder soltar uma resposta que já estou preparando.	☐
Compulsivo/Impulsivo Muitas vezes falo antes de pensar ou apenas para preencher o silêncio.	☐
Emboscada Eu costumo fingir que escuto só para poder comentar.	☐
Julgando Eu pratico a escuta seletiva. Ouço apenas o que quero ouvir com base em meus preconceitos.	☐
Parcialmente presente Muitas vezes não percebo a mensagem que a pessoa comunica através de linguagem corporal e/ou entonação vocal.	☐
Estresse causado pelo ruído Muitas vezes faço uma ligação ou reunião quando há barulho no ambiente, dificultando minha audição.	☐
Comparando Escuto através de filtros, com base em experiências passadas com outros clientes/colegas.	☐

Esta parte é igualmente válida para funcionários, membros da equipe, amigos e familiares.

Eis algumas dicas para se tornar um ouvinte melhor.

AÇÕES

1.
Prefira o silêncio para mostrar que você está ouvindo atentamente. Adote pausas.

2.
Nunca interrompa quando a outra pessoa estiver falando.

3.
Esteja presente. Largue seu equipamento eletrônico.

4.
Faça com que a pessoa se sinta ouvida por meio de comentários como: "Você disse que..." ou "Conte-me mais".

AÇÕES

5.
Torne-se um ouvinte especializado em soluções. Ouça mais pela solução a ser encontrada do que pelos problemas que estão lhe contando.

6.
Ouça o que não está sendo dito. Descubra o significado por trás das palavras.

7.
Resista à tentação de refutar. Não discuta.

Fonte: *The salesperson's secret code* (Mills *et al.*, 2017).

7. É HORA DOS FAVORES EM CADEIA?

Nós somos tão bons quanto o bem que fazemos. Se uma empresa realmente quer cumprir o que promete, pode fazê-lo levando também em conta, em seu modelo de negócio, as pessoas mais vulneráveis.

Isso pode incluir a oferta gratuita de produtos ou serviços.

Essa abordagem é descrita no livro *Authentic marketing*, de Larry Weber (2019). Weber sugere que nos perguntemos:

Quem seria mais beneficiado no mundo se as pessoas mais vulneráveis tivessem acesso aos nossos produtos/serviços?

Como podemos implementar um programa que torne nossos produtos/serviços acessíveis aos necessitados?

Para exemplos específicos, veja "A reinvenção do 'pague um, leve dois'" (parte 5.6).

8. SEUS CLIENTES SÃO POUCO FIÉIS OU TOTALMENTE COMPROMETIDOS?

Clientes podem parecer ilusoriamente leais, quando, na realidade, não são tão apegados a uma marca. Talvez eles só a usem porque todo mundo usa, ou por falta de opção, de acessibilidade econômica ou de distribuição. De qualquer maneira, o relacionamento entre cliente e marca pode ser frágil.

Portanto, a satisfação básica do consumidor não é, na verdade, um bom indicador de comportamento – o comprometimento é muito melhor. Lealdade é o que os clientes fazem. Comprometimento é o que eles sentem – ou seja, é um componente muito mais poderoso.

> Mesmo que hoje seus clientes pareçam plenamente satisfeitos e leais, à medida que aumenta a consciência deles enquanto consumidores, também cresce o comprometimento com marcas mais éticas. Se houver uma empresa semelhante que tenha credenciais mais sustentáveis, isso pode fazê-los trocar de marca facilmente.

As evidências também mostram que muitos consumidores (principalmente os *millennials*) estão dispostos a pagar mais caro por produtos mais éticos e sustentáveis.

O que você está fazendo para garantir que seus clientes se comprometam completamente com sua empresa?

9. ABRAM ALAS PARA OS *MILLENNIALS* MADUROS

O movimento de ascensão do consumismo consciente e o desejo de que as empresas defendam um propósito moral maior estão sendo liderados principalmente pelas novas gerações. E as empresas precisam se dar conta desse fator importante.

As organizações devem evitar entregar essas questões às pessoas erradas. As equipes de trabalho devem representar todos os grupos relevantes da sociedade e, especialmente, reconhecer a importância dos *millennials*. Tenha em mente que este é o público mais influente na maioria dos mercados e que temas éticos pesam na balança de suas escolhas.

COMO CONSUMIDORES	COMO COLABORADORES
68% dos *millennials* dos Estados Unidos querem ser conhecidos por fazerem uma diferença positiva no mundo.	88% dos *millennials* dizem que seu trabalho é mais gratificante quando lhes são oferecidas oportunidades para gerar impacto positivo em questões sociais e ambientais.
81% dos *millennials* dos Estados Unidos dizem que um negócio de sucesso precisa ter um objetivo próprio com o qual as pessoas se identifiquem.	78% dos *millennials* dos Estados Unidos querem que os valores de seus empregadores sejam compatíveis com os seus.
81% dos *millennials* esperam que as empresas expressem sua cidadania corporativa publicamente.	76% dos *millennials* levam em consideração os compromissos sociais e ambientais de uma empresa quando escolhem onde trabalhar.
73% dos *millennials* dos Estados Unidos estão dispostos a pagar mais por ofertas sustentáveis.	75% dos *millennials* aceitariam ganhar menos para trabalhar em uma empresa socialmente responsável.
	64% dos *millennials* não aceitarão um emprego se o empregador em potencial não adotar práticas sólidas de RSC.
	75% dos *millennials* dos Estados Unidos definem sucesso como ter um trabalho que promova impacto positivo na sociedade.

Fontes: *WEconomy* (Kielburger, Branson e Kielburger, 2018), *Huffington Post, Cone Communications CSR Study 2016, American Express* e *Forbes*.

10. PLANO DE AÇÃO PARA O CONSUMIDOR

Agora que você já refletiu sobre a importância dos seus consumidores, use o quadro a seguir para elaborar ideias e iniciativas para um maior envolvimento e uma maior satisfação do seu cliente.

Neste ponto, leve em consideração também seus *stakeholders*, ou seja, as outras partes interessadas (identificadas na parte 1). Por exemplo, a sua rede de fornecedores. Que iniciativas o ajudariam a estabelecer um relacionamento melhor com eles?

PLANO DE AÇÃO PARA OS CONSUMIDORES

INICIATIVAS PARA UM MAIOR COMPROMETIMENTO

SATISFAÇÃO DO CONSUMIDOR
Por exemplo, programa de "agradecimento" ao cliente.

REALIZANDO DESEJOS
Por exemplo, compor grupos focais regionais (pesquisa qualitativa); enviar questionários por e-mail (pesquisa quantitativa).

(cont.)

PLANO DE AÇÃO PARA OS CONSUMIDORES

INICIATIVAS PARA UM MAIOR COMPROMETIMENTO

FAVORES EM CADEIA
Por exemplo, uma nova abordagem do "pague um, leve dois" (ver parte 5.6).

RELAÇÕES COM FORNECEDORES
Por exemplo, um "estatuto" dos fornecedores.

(cont.)

PLANO DE AÇÃO PARA CONSUMIDORES

INICIATIVAS PARA UM MAIOR COMPROMETIMENTO

COMUNIDADE
Por exemplo, calendário de eventos da comunidade local.

OUTROS

RECAPITULANDO

1. Estude os Dez Mandamentos do Cliente e elabore uma versão própria deles.
2. Observe o aumento do consumismo consciente e identifique tendências específicas em seu mercado.
3. Identifique as questões éticas que importam aos seus consumidores e incentive esses interesses.
4. Coloque-se no lugar de seus clientes, analisando as opiniões deles e adequando seus produtos e serviços ao que desejam.
5. Identifique seus maiores fãs e converse diretamente com eles.
6. Estimule a escuta ativa dentro da empresa, entre suas equipes, e fora da empresa, com seus clientes e *stakeholders*.
7. Pense em quem pode se beneficiar mais do seu produto e como você pode ajudar essas pessoas a terem acesso a ele através dos favores em cadeia.
8. Conheça a diferença entre a lealdade aparente do cliente e seu comprometimento.
9. Examine e quantifique o grande mercado de *millennials* maduros para constatar o impacto que eles têm no seu negócio.
10. Crie um plano de ação para o seu consumidor.

PENSAMENTOS ÉTICOS

> *"Neste momento, estamos diante de um desastre em escala global, provocado pelo homem. Nossa maior ameaça em milhares de anos. As mudanças climáticas. Se não tomarmos as medidas necessárias, o colapso de nossas civilizações e a extinção de grande parte do mundo natural estará a caminho."*
>
> *David Attenborough*

Ser ecologicamente correto era considerado um bom negócio – uma delicadeza para agradar grupos de pressão ambiental e algo relativamente caro e inconveniente.

Este não é mais o caso. As evidências agora mostram que reduzir o impacto negativo sobre o planeta é um pré-requisito vital para a gestão de um negócio de sucesso. Os clientes exigem a adoção de práticas éticas e boicotam efetivamente as empresas que as ignoram.

Sustentabilidade define-se por algo que de fato se sustenta. Portanto, em essência, empresas que não protegem os recursos do planeta não vão sobreviver.

Transformar-se em uma empresa sustentável e ambientalmente consciente pode parecer, a princípio, muito assustador. Contudo, é importante estudar os passos mais simples a serem dados primeiro. Você nunca vai conseguir tudo de uma só vez.

Em vez de ficar paralisado pela dimensão do desafio, siga em direção aos caminhos mais fáceis. Se cada empresa começasse simplesmente a mudar o que está ao seu alcance, o planeta estaria em situação muito melhor.

NESTA PARTE, vamos dar uma olhada mais detalhada na série de ações que as empresas podem adotar para proteger os recursos do planeta.

PARTE **QUATRO**

- SUSTENTABILIDADE
- RECICLAGEM
- CONSERVAÇÃO

GANÂNCIA •
CONSUMO EXCESSIVO •
DESCONSIDERAÇÃO •

PROTEGENDO O PLANETA

1. NÃO HÁ UM PLANETA B

"Não há um planeta B. Temos que cuidar daquele que temos."

Esta frase de Richard Branson está definitivamente correta. Quando se trata dos danos que pessoas, empresas e governos estão causando ao planeta, não há plano B, visto que nossos recursos estão sendo destruídos.

Portanto, cabe a cada um de nós fazer o que for possível para proteger o meio ambiente.

Para as empresas, a questão principal é:

Estamos extraindo do planeta mais do que estamos repondo?

Se a resposta for "sim", então comece a pensar em algumas destas medidas corretivas:

CRIE UMA REDE SUSTENTÁVEL DE ABASTECIMENTO

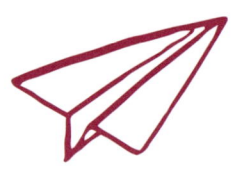

REDUZA SUA PEGADA DE CARBONO

RECICLE RESÍDUOS

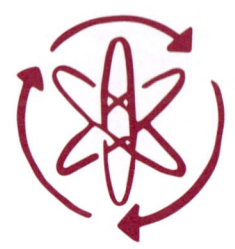

ECONOMIZE ENERGIA

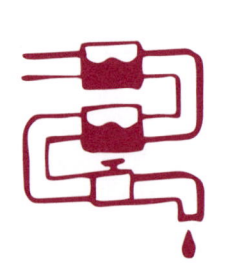

ECONOMIZE ÁGUA

E lembre-se: você não pode administrar aquilo que não consegue medir. Iniciativas em todas essas áreas exigem métricas claras para monitoramento e relatórios.

Uma maneira de as empresas quantificarem seu impacto ambiental é compreendendo o conceito de *capital natural*.

O capital natural não é produzido pela humanidade – a natureza nos dá de graça. Recursos não renováveis, como petróleo e gás, só podem ser usados uma vez, enquanto os renováveis, como ar, água e reservas animais, continuam, desde que não os contaminemos demais ou levemos uma espécie à extinção.

Juntos, eles são o alicerce para a nossa sobrevivência e bem-estar e a base de toda a atividade econômica. É possível contabilizar, medir e avaliar esses recursos, além de gerar crescimento sustentável obedecendo a uma regra: *o nível global de capital natural não deve diminuir*. O criador deste conceito é Dieter Helm; para uma visão completa sobre esse tema, leia seu livro *Natural capital* (2015).

2. REDUZINDO SUA PEGADA DE CARBONO

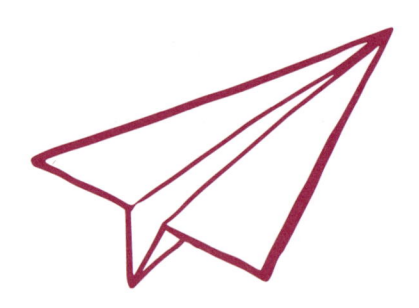

Pegada de carbono é a quantidade de dióxido de carbono liberada na atmosfera pelas atividades de determinado indivíduo, organização ou comunidade.

O dióxido de carbono absorve e retém o calor. Quanto mais dióxido de carbono na atmosfera, mais quente ficará o planeta.

> Atualmente, há evidências muito claras de que as mudanças climáticas causadas pela atividade humana estão provocando danos catastróficos ao nosso planeta.

Este é um assunto complexo e muito debatido, e tentaremos detalhá-lo melhor nas páginas seguintes, mas, na próxima página, você vai encontrar uma visão geral e simplificada de como começar a neutralizar o carbono na sua empresa.

Passo 1 **ENTENDA** **SUAS EMISSÕES**	• Serviços públicos • Combustível • Produção • Viagens • Papel • Envios • Embalagens
Passo 2 **REDUZA** **EMISSÕES DIRETAS**	• Uso de energia • Rede de abastecimento • Infraestrutura
Passo 3 **COMPENSE O SALDO** **DO QUE VOCÊ** **NÃO PODE REDUZIR**	• Por meio de créditos de carbono de alta qualidade

= EMISSÕES LÍQUIDAS ZERO

Isso é ótimo, mas cientistas tendem a concordar que a neutralidade de carbono não será suficiente para combater as mudanças climáticas. Neutralizar as emissões é obviamente muito importante, mas não é o objetivo final.

A Interface é um exemplo de empresa que foi além, com uma missão chamada Climate Take Back. Um compromisso de gerir os negócios de forma restauradora para o planeta, de usar produtos e serviços capazes de reverter os efeitos do aquecimento global e criar um clima adequado para a vida.

Para mais detalhes, visite: www.interface.com.

3. ECONOMIZANDO ENERGIA

O primeiro passo aqui é simples – mudar para um fornecedor de energia renovável.

Porém, há muitas outras maneiras de diminuir a quantidade de energia que você usa e reduzir os custos no local de trabalho.

MEDIÇÃO INTELIGENTE

A instalação de medidores inteligentes pode trazer o melhor resultado geral na gestão da energia no local de trabalho e em casa. Esses equipamentos vêm com um visor que mostra ao usuário a quantidade exata de energia que ele está usando e o seu custo, quase em tempo real.

TARIFAS DE HORÁRIO DE USO

As tarifas de horário de uso são projetadas para incentivar os clientes a usarem mais energia elétrica fora dos horários de pico, para equilibrar a demanda.

Essas tarifas cobram taxas mais baratas em determinados horários da noite ou do dia, quando a demanda está no nível mais baixo, e taxas mais altas nos horários de maior consumo. Alterar a demanda para horários fora de pico significa depender menos de fontes de eletricidade poluentes.

VIAGENS

Viagens são outro fator importante. Utilizar a tecnologia em reuniões pode reduzir a necessidade de viagens presenciais de negócios? Se a viagem é essencial, não seria o caso de a empresa se comprometer a implantar um programa de compensação de carbono? Os funcionários são incentivados a ir de bicicleta para o trabalho, usar o transporte público ou trabalhar de casa sempre que possível?

GERAL

Uma boa fonte de recomendações, guias e estudos de caso para ajudar as empresas a reduzir seu impacto ambiental é o Carbon Trust (carbontrust.com). As sugestões incluem:

- **Apagar**

  Apague toda a iluminação não essencial fora do horário comercial. A maioria das pessoas diz que isso é muito óbvio, mas pense em todos os prédios que você vê iluminados à noite.

- **Controles por fotocélula**

  Instale controles por fotocélula para desligar algumas lâmpadas em dias mais claros.

- **Acessórios de LED**

  Substitua as lâmpadas tradicionais por acessórios de LED energeticamente eficientes para melhorar a produtividade e reduzir os custos operacionais.

- **Temporização**

  Experimente estabelecer períodos para ligar e desligar o aquecedor e/ou o ar-condicionado e desligue-os antes do final do expediente.

- **Termostatos**

  Certifique-se de que os termostatos estejam ajustados corretamente – aumente os limites de temperatura para resfriamento e reduza os limites para aquecimento.

- **Desligar**

    Desligue equipamentos desnecessários durante o dia e, principalmente, após o horário de trabalho, para reduzir o acúmulo de calor e custos elétricos desnecessários.

- **Isolamento**

    Verifique os níveis de isolamento e aumente-o sempre que possível para reduzir os custos de aquecimento.

- **Monitoramento**

    Caminhe pelo seu escritório em diferentes momentos do dia, em diferentes estações do ano, para ver como e quando os aquecedores e os aparelhos de ar-condicionado funcionam. Verifique os ajustes de tempo e temperatura.

Mudanças positivas não acontecem se ficarem restritas a uma folha de instruções. As intenções precisam ser transformadas em objetivos claros e específicos para que as pessoas possam executá-las.

4. ECONOMIZANDO ÁGUA

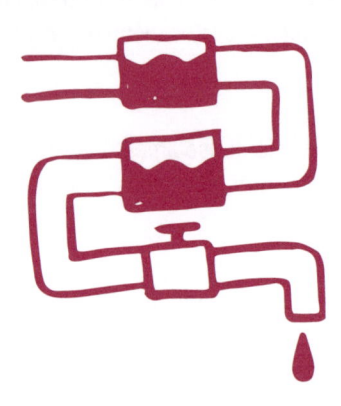

Cada pessoa utiliza, em média, 150 litros de água por dia. Se todos no Reino Unido adotassem mais hábitos de economia de água, essa quantidade poderia ser reduzida facilmente para 100 litros por dia.

As empresas podem desempenhar um grande papel nesse processo. Aqui estão algumas dicas:

- **Cuidado com vazamentos de água**

    Só na Inglaterra e no País de Gales são perdidos 3 bilhões de litros de água por dia, devido a vazamentos.

- **Instale descargas de acionamento duplo**

    Os banheiros representam mais de 30% do uso de água no local de trabalho. Se o seu prédio é aberto ao público, essa porcentagem pode ser ainda maior. Sanitários com descarga de acionamento duplo utilizam 6 litros na descarga total, o que é menos da metade de um sanitário tradicional.

- **Instale torneiras eficientes**

    Assegure-se de que todas as torneiras do seu lavatório tenham fechamento automático. Além disso, você pode instalar arejadores – eles espalham o fluxo de água da torneira em gotículas minúsculas. Isto evita respingos e economiza água.

- **Encha a máquina de lavar louça**

    Lave sempre uma carga completa de louça, para aproveitar a água ao máximo. Se possível, mude para uma lavadora com sistema de economia de água, pois ela utiliza a quantidade mínima necessária para limpar e enxaguar.

- **Incentive os banhos rápidos**

    Se há chuveiros no seu local de trabalho, conscientize as pessoas de quantos litros de água são gastos a cada minuto de banho.

- **Não desperdice água potável**

    A recomendação geral de departamentos de saúde é beber pelo menos 1 litro de água por dia (cerca de seis copos). Muitas pessoas desperdiçam água deixando o fluxo correr até que a água chegue à temperatura desejada. Portanto, mantenha jarras de água na geladeira ou instale um bebedouro exclusivo para água gelada.

5. NEM TODOS OS RESÍDUOS TÊM A MESMA ORIGEM

Os principais pontos aqui são:

1. REDUZA a quantidade de produtos que você usa.
2. REUTILIZE o produto ou partes dele, sempre que possível.
3. RECICLE o que sobrar, sempre que possível.

O modelo de hierarquia de resíduos estabelece certos níveis para a gestão de resíduos de forma ambientalmente útil.

Nele, a prioridade máxima é dada à prevenção de desperdícios, o primeiro nível. Quando se produz algum resíduo, o modelo prioriza a preparação para reutilização, depois a reciclagem, em seguida a recuperação e, por último, a eliminação (em aterro sanitário, por exemplo) – que deve ser evitada sempre que possível.

ESTÁGIOS	INCLUEM
Prevenção	Utilização de menos material no projeto e fabricação. Manter os produtos por mais tempo. Reutilização.
Preparação para reutilização	Checagem, limpeza, reparo, recondicionamento, peças inteiras ou sobressalentes.
Reciclagem	Transformação de resíduos em uma nova substância ou produto (inclusive compostagem).
Outras formas de recuperação	Digestão anaeróbica, incineração com recuperação de energia, gaseificação e pirólise, processos que produzem energia (combustíveis, calor e energia) e materiais a partir de resíduos.
Descarte	Aterros sanitários e incineração sem recuperação de energia.

Fonte: UK Department for Environment, Food and Rural Affairs.

6. SEU NEGÓCIO É UM RIO OU UM LAGO?

Outra maneira de explicar a gestão de resíduos é pela analogia rio *versus* lago, que descreveremos aqui.

Os atuais sistemas de produção empresarial tendem a operar em um modelo linear (ou fluvial), no qual os materiais são utilizados para fazer produtos, que depois são consumidos e descartados. E este é o fim que damos a eles.

> A prática empresarial sustentável promove um modelo circular (ou lacustre), ou seja, sempre que possível, os recursos são recuperados e trazidos de volta para o ciclo produtivo. Isso minimiza o desperdício e garante que menos material virgem seja necessário na fonte. Isso pode ser feito através de reformas, reparos, reutilização, remanufatura e reciclagem.

Analise esses dois modelos e verifique como você pode adotar uma abordagem mais circular para sua empresa e para toda a sua rede de abastecimento.

MODELO FLUVIAL

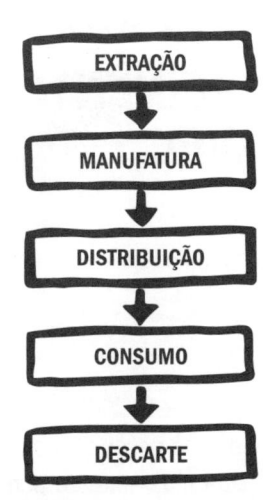

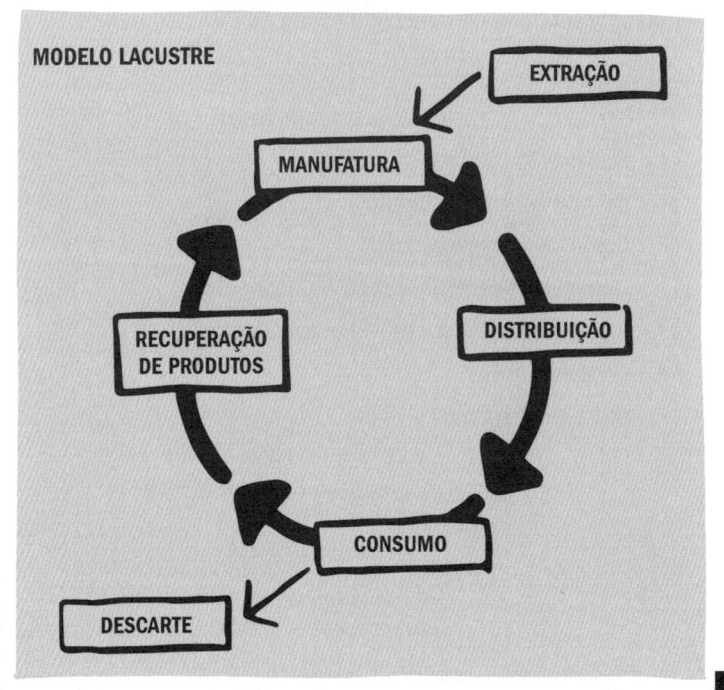

- EXTRAÇÃO
- MANUFATURA
- DISTRIBUIÇÃO
- CONSUMO
- DESCARTE

MODELO LACUSTRE

- EXTRAÇÃO
- MANUFATURA
- DISTRIBUIÇÃO
- CONSUMO
- DESCARTE
- RECUPERAÇÃO DE PRODUTOS

7. CRIANDO UMA REDE DE ABASTECIMENTO SUSTENTÁVEL

Toda empresa depende de uma cadeia de fornecedores – seja para produtos ou serviços.

PRODUTOS

Temos analisado como reduzir a pegada de carbono corporativa e preservar recursos. Aqui está uma série de perguntas que devem ser feitas à sua rede de fornecedores em relação ao produto:

- Nós precisamos disso (e de tudo isso)?
- Quem fabricou isso? E como?
- No que está embrulhado?
- Como será transportado?
- Como vai funcionar durante sua vida útil?
- O que isso diz aos nossos consumidores?
- Do que é feito?
- Onde irá terminar?

Fonte: *WEconomy* (Kielburger, Branson e Kielburger, 2018).

UMA OBSERVAÇÃO ADICIONAL SOBRE EMBALAGENS

Existem diversos formatos e tamanhos de embalagens: caixas, sacos, latas, pastilhas de espuma, embalagens a vácuo, tubos, papel, etc. – todas feitas de materiais diversos e projetadas para proteger um produto e mantê-lo intacto ou fresco.

Ao incluir as embalagens em sua rede de fornecimento, certifique-se de abranger os diversos tipos:

- **Embalagem primária:** o invólucro ou recipiente manuseado pelo consumidor.
- **Embalagem secundária:** caixas maiores ou sacos utilizados para separar as mercadorias para distribuição, facilitar o transporte ou a exposição em lojas.
- **Embalagem de trânsito:** *pallets*, tábuas, embalagens plásticas e contêineres utilizados para organizar produtos em volumes maiores para transporte.

SERVIÇOS

As redes de abastecimento também incluem prestadores de serviços. Eles também devem ser considerados na sua avaliação.

Eles estão comprometidos com energias renováveis?

Quais são as políticas ambientais que eles seguem?

Você se recusará a trabalhar com outras empresas a menos que elas atendam às suas expectativas de comportamento ético e sustentável?

No Reino Unido, desde 2015, vigora o Modern Slavery Act, que exige que as empresas declarem publicamente se possuem processos em curso para investigar a escravidão moderna em qualquer lugar que abrigue suas operações ou em sua rede de fornecedores. Tecnicamente, apenas empresas multimilionárias precisam publicar uma declaração sobre isso (na página principal de seus sites), mas é algo que todas as empresas deveriam considerar.

8. VOCÊ É UM ECO OU UM EGOGUERREIRO?

Você é um ecoguerreiro – realmente preocupado com o planeta e a civilização como um todo? Ou você é um egoguerreiro – mais preocupado com a forma como os outros veem suas atitudes?

Embora este último esteja obviamente associado a certo cinismo, a verdade é que, desde que você esteja adaptando seu comportamento para ajudar a proteger o planeta, o resultado ainda é positivo.

O mesmo pode ser dito sobre os negócios. Apesar da importância da autenticidade do marketing (que abordaremos na parte 5), a motivação para a construção de uma empresa mais ética e sustentável pode variar. Por exemplo:

- Alguns serão motivados por uma cruzada ecológica pessoal.
- Para outros, o saldo positivo em relações públicas será o fator mais atraente (e alimentará o ego corporativo).
- Argumentar sobre o efeito positivo no balanço final das contas vai encantar o departamento financeiro.
- O departamento de recursos humanos se empenhará em atrair e manter os melhores talentos.
- O atendimento ao consumidor vai receber uma clientela feliz e engajada.

Seus clientes também terão motivos e razões diferentes para escolher produtos mais éticos e sustentáveis. Para alguns, será por uma preocupação genuína em salvar o planeta. Para outros, será uma compensação por consumir demais em outras áreas. Afinal, o que mais importa para o planeta não é o motivo, e sim a ação.

Portanto, a moral aqui é que, independentemente daquilo que impulsione a agenda ética em seus negócios, o progresso vai ser positivo.

9. SUPERANDO AS RESISTÊNCIAS

Sempre haverá alguma resistência à adoção de práticas éticas e sustentáveis. Aqui estão algumas das mais comuns.

Analise as questões a seguir e pense em formas de superá-las.

PROBLEMA	RESPOSTA TÍPICA	MANEIRAS DE SUPERAR
FALTA DE CONSCIÊNCIA A ignorância é o maior inimigo da sustentabilidade.	"Eu não sabia que o problema era grave."	Mostrar fatos e estatísticas convincentes.
DERROTISMO A aceitação de que isso faz parte do negócio.	"Não vale a pena todo esse esforço".	Mostrar os benefícios a longo prazo. Explicar quais serão as desvantagens se nada for feito.
O MITO DO CUSTO Ignoram-se as possibilidades de economizar e de obter lucros.	"Quanto isto vai custar?"	Explicar os benefícios da redução de custos.
O FATOR INCÔMODO Não se consideram as ações parte do trabalho.	"Já tenho responsabilidades demais."	*Lobby* para mais recursos. Incluir as ações na descrição do trabalho de todos os colaboradores.

(cont.)

PROBLEMA	RESPOSTA TÍPICA	MANEIRAS DE SUPERAR
CETICISMO É impossível provar.	"Vamos esperar para ver..."	Mostrar as ações da concorrência, além de fatos e estatísticas irrefutáveis.
FOLGA SOCIAL Deixar as ações para os ecoguerreiros.	"Os outros podem fazer isso."	Incentivar a participação. Aplicar sanções a quem não participar.
SIMPLIFICAÇÃO As soluções são muito simples e rudimentares para serem levadas a sério.	"Apagar as luzes? Todo mundo sabe disso."	Mostrar as estatísticas cumulativas – quando pequenas ações fazem grandes diferenças.

Fonte: adaptado de *The sustainable business* (Scott, 2013).

10. PLANO DE AÇÃO PARA O PLANETA

Agora que você já entendeu de que formas você e sua empresa podem ajudar a proteger o planeta, use o seguinte quadro para fazer um *brainstorming* de ideias e iniciativas específicas.

PLANO DE AÇÃO PARA O PLANETA

INICIATIVAS PARA A SUSTENTABILIDADE AMBIENTAL

REDUZIR A PEGADA DE CARBONO
Por exemplo: revisão dos produtos da cantina (fornecedores locais, aumento de opções vegetarianas); reavaliação de viagens de negócios.

ECONOMIZAR ENERGIA
Por exemplo: mudar para um fornecedor de energia renovável; criar uma "Equipe Verde" interna.

(cont.)

PLANO DE AÇÃO PARA O PLANETA

INICIATIVAS PARA A SUSTENTABILIDADE AMBIENTAL

ECONOMIZAR ÁGUA
Por exemplo: modernizar as instalações sanitárias dos funcionários/clientes; optar por plantas artificiais na decoração.

TRATAR RESÍDUOS
Por exemplo: criar programas para "reduzir, reutilizar, reciclar"; reavaliar o uso de plásticos descartáveis.

(cont.)

PLANO DE AÇÃO PARA O PLANETA

INICIATIVAS PARA A SUSTENTABILIDADE AMBIENTAL

REDE DE FORNECEDORES SUSTENTÁVEIS
Por exemplo: criar um "Estatuto dos Fornecedores Sustentáveis"; reavaliar o uso de todos os tipos de embalagem (primária, secundária, de trânsito).

OUTROS

RECAPITULANDO

1. Descubra se você está tirando mais do planeta do que repondo.
2. Identifique as áreas em que você pode reduzir sua pegada de carbono.
3. Elabore um plano para a economia de energia.
4. Elabore um plano para a economia de água.
5. Elabore um plano para o tratamento de resíduos.
6. Analise se sua empresa pode mudar de um modelo fluvial para um modelo lacustre.
7. Desenvolva um plano para tornar sua rede de fornecedores mais sustentável.
8. Compare os ego com os ecoguerreiros e aproveite o potencial de ambos.
9. Antecipe-se à resistência à implantação de medidas éticas e sustentáveis e desenvolva estratégias para superá-las.
10. Agora, crie um plano de ação para o planeta.

PENSAMENTOS ÉTICOS

> *"As pessoas que dizem que nada pode ser feito não deveriam interromper aquelas que estão fazendo alguma coisa."*
>
> *George Bernard Shaw*

Presumindo que uma empresa esteja de fato se comportando de forma ética, seu marketing imediatamente terá um ganho extra de credibilidade e autenticidade.

No lugar dos clichês do calendário padrão de marketing (Páscoa, Dia dos Namorados, Natal, etc.), as empresas poderiam se concentrar nas iniciativas verdadeiramente interessantes que estão empreendendo.

Em suma, os esforços de marketing de um negócio ético falam por si. São essencialmente espontâneos e, portanto, genuinamente envolventes.

Mas não tenha medo do meio-termo – todas as empresas têm algo a ser trabalhado. As empresas só precisam afirmar honestamente que as iniciativas estão em curso e que isso faz parte de uma trajetória ética em busca de melhorias. Certifique-se de que os discursos adotados não serão enquadrados na categoria de *greenwashing*, caso contrário, sua empresa será exposta por marketing enganoso, e isso pode mais fazer mal do que bem.

Mantenha-se fiel à verdade, seja honesto e atualize as partes interessadas regularmente sobre o seu progresso.

NESTA PARTE, vamos explorar ainda mais os benefícios e riscos de colocar ações e convicções éticas no cerne da sua estratégia de marketing e comunicação.

PARTE **CINCO**

- ENGAJADOR
- AUTÊNTICO
- HUMANO

GREENWASHING •
HIPOCRISIA •
ENGANO •

MARKETING ÉTICO

1. MARKETING – DA MANIPULAÇÃO À AUTENTICIDADE

O marketing percorreu um longo caminho. Acompanhe a seguir um apanhado de sua evolução e algumas considerações sobre a nova era de ações autênticas de marketing.

A moral desta evolução é que empresas modernas devem prestar atenção aos seus consumidores e evoluir. Se não fizerem isso, comprometerão seriamente a confiança dos consumidores – um elemento crucial no marketing de hoje.

ERA DA PRODUÇÃO Décadas de 1860 a 1920	Durante esse período, as empresas empurravam produtos para as pessoas – acreditando que, se desenvolvessem um produto de qualidade, ele venderia. As empresas focavam principalmente na fabricação.
ERA DAS VENDAS Décadas de 1920 a 1940	Durante a Grande Depressão, as pessoas compravam apenas o necessário, e a oferta muitas vezes superava a demanda. A competição era mais intensa. Isso levou as empresas a aumentar o tom das vendas agressivas, usando intensamente a publicidade para empurrar seus produtos para as pessoas.

(cont.)

ERA DA COMERCIALIZAÇÃO Meados do século 20	Neste período houve uma mudança radical no foco: das necessidades do vendedor para as necessidades do comprador. Surgiu a publicidade radiodifundida, dando às empresas novas formas de chamar a atenção – e de intervir e manipular. Entretanto, agora tudo era feito de forma criativa – com personagens simpáticos, endosso de celebridades, etc.
ERA DO MARKETING DE RELACIONAMENTO Meados da década de 1990 até a década de 2000	Reconhecendo que conquistar novos clientes era mais caro do que manter os atuais, o marketing começou a valorizar o papel das relações e da fidelidade à marca. O *big data* surgiu como um meio de ajudar as empresas a entender melhor a segmentação do público. O marketing direto tornou-se uma tática fundamental.
ERA DO ENGAJAMENTO DIGITAL Anos 2000	À medida que a internet e as mídias digitais/sociais começaram a se enraizar em nossa cultura, ocorreu uma mudança sísmica. Uma inversão maciça de poder colocou as rédeas diretamente nas mãos dos consumidores, que passaram a ser a voz mais importante. Engajamento era a palavra.
ERA DO MARKETING AUTÊNTICO 2018 – ...	Para prosperar e nos envolver verdadeiramente no ambiente complexo dos dias atuais, precisamos continuar a levar o marketing pela sua forma mais evoluída até hoje – a da autenticidade. A peça crítica que falta – propósito moral – tem o potencial de impulsionar as empresas através da junção dos valores e do impacto ético que os clientes almejam e exigem.

Fonte: *Authentic marketing* (Weber, 2019).

2. OS NOVOS PRINCÍPIOS DO MARKETING ÉTICO

Para adotar uma nova abordagem ética de marketing, você precisará desafiar alguns dos seus hábitos e comportamentos.

Reúna sua equipe e produza uma avaliação honesta da posição em que sua empresa ou marca se encontra em cada uma das seguintes categorias.

Se todas as respostas estiverem à direita do quadro, então você pode parar de ler este livro...

	MARKETING CONVENCIONAL	**MARKETING ÉTICO**
CONSUMIDORES	Consumidores com estilos de vida	Pessoas com vidas
PRODUTOS	Produtos vitalícios Fontes globais Tamanho único	Serviços vitalícios Fontes (g)locais Adaptado à região
MARKETING E COMUNICAÇÃO	Benefícios finais do produto Publicidade paga Vendas Comunicação unidirecional	Propósito Boca a boca Educação e capacitação Senso de comunidade
CORPORAÇÃO	Sigiloso Reativo Independente e autônomo Competitivo	Transparente Proativo Interdependente/ aliado das partes interessadas Cooperativo

Fonte: adaptado de *The new rules of green marketing* (Ottman, 2010).

3. GREENWASHING NÃO COLA

WHITEWASHING: fazer algo ruim parecer aceitável, escondendo a verdade.

GREENWASHING: fazer as pessoas acreditarem que sua empresa está fazendo mais para proteger o meio ambiente do que realmente está.

Como já dissemos antes, você não precisa ser perfeito, mas precisa ser absolutamente honesto quando decidir promover suas credenciais éticas. Qualquer marketing enganoso será exposto, e toda aquela confiança importantíssima será perdida da noite para o dia.

> **O *greenwashing* é frequente:**
>
> - 26% das empresas não têm provas do que afirmam.
> - 11% das informações nos rótulos são inconsistentes.
> - 4% dos créditos verdes são irrelevantes.
> - 1% das empresas até tenta disfarçar suas deficiências com informações vagas.
> - 1% é mentira.

Fonte: *The sustainable business* (Scott, 2013).

O marketing ético requer total transparência. Orgulhe-se de suas ações positivas, mas também reconheça e seja honesto sobre as áreas que você precisa aperfeiçoar. Então, diga aos consumidores o que você planeja fazer a respeito, e quando. Não tenha receio de explicar, afinal, não são soluções fáceis e rápidas.

Se suspeitarem do que você afirma em seu marketing, considere a possibilidade de contratar uma fonte independente para auditar e confirmar suas afirmações. Você pode se surpreender com o resultado.

4. MUITO POUCO, MUITO BARULHO, MUITO TARDE?

Não é só ao *greenwashing* que você tem de ficar atento. Muitas empresas erram a mão no marketing quando não conseguem entender o panorama geral.

Essas ações de marketing geralmente se enquadram nas seguintes categorias: fazer muito pouco; fazer muito barulho; e chegar muito tarde.

Portanto, considere o seguinte:

ESTAMOS FAZENDO MUITO POUCO?
- Essa ação é insignificante demais na escala geral das coisas?
- Corremos o risco de sermos ridicularizados por isso?
- Será que isso vai simplesmente chamar a atenção para áreas maiores da empresa que, atualmente, não são éticas?

Exemplo: empresas que relatam orgulhosamente que deixaram de usar canudos plásticos, ao mesmo tempo que ignoram todos os outros plásticos descartáveis que utilizam.

ESTAMOS FAZENDO MUITO BARULHO?
- Será que estamos fazendo muito alarde por conta de um caso isolado?
- Será que isso pode suscitar um *feedback* negativo dos consumidores por ser um pouco incongruente em relação a outras áreas não tão éticas da empresa?

Exemplo: empresas que fazem um estardalhaço por terem realizado alguma ação ética, como caridade, enquanto continuam a adotar práticas antiéticas e insustentáveis em outras áreas.

CHEGAMOS MUITO TARDE?
- Todos os nossos concorrentes já fazem isso há muito tempo?
- Isso simplesmente ressalta como estamos atrasados para a festa?

Exemplo: empresas que afirmam se preocupar com os dados dos clientes e pedem a eles que se inscrevam novamente para receber ofertas e promoções especiais no mesmo mês em que o GDPR (Regulamento Geral sobre a Proteção de Dados)* passa a ser uma exigência legal.

Seja honesto na avaliação e analise possíveis anúncios com muito rigor e por uma perspectiva puramente mercadológica. Eles podem ser verdadeiros, mas serão recebidos de forma positiva?

---

* O GDPR (General Data Protection Regulation) entrou em vigor na União Europeia em 25 maio de 2018. Essa ferramenta legal permite que o usuário tenha um controle maior sobre os dados pessoais armazenados em bancos de dados de empresas. [N. E.]

5. HISTÓRIAS E DADOS

Humanizar sua empresa pode ajudar a criar laços mais fortes e profundos com os consumidores. O livro *Authentic marketing*, de Larry Weber (2019), aborda esforços pontuais de engajamento que podem tornar a sua marca mais humana, e o seu marketing, mais autêntico.

Primeiro, considere o seguinte em relação à sua marca:

COLOQUE A HONESTIDADE EM PRIMEIRO LUGAR	Comunicar-se de forma aberta e honesta é crucial num mundo cheio de desconfiança como o de hoje.
DESTAQUE-SE PELO POSICIONAMENTO	Hoje, espera-se que as empresas se posicionem sobre problemas atuais e demonstrem que estão trabalhando para a solução de questões sociais.

(cont.)

SEJA PROATIVO	Seja ousado, seja proativo e destaque-se no seu mercado com mensagens que chamem a atenção das pessoas.
DÊ UM ROSTO PARA A SUA MARCA	Colocar alguns rostos à frente e no centro da sua empresa é uma forma eficaz de mostrar o lado humano da sua organização.
PEÇA DESCULPAS	Humanizar a sua marca também significa ter problemas e pedir desculpas – sempre o mais rápido possível!
DISPENSE A LINGUAGEM CORPORATIVA	Consumidores não confiam em linguagem corporativa. Eles não se identificam com ela e deixam de prestar atenção assim que a ouvem.
MOSTRE SEU LADO ENGRAÇADO	Não tenha medo de mostrar certa leveza. Fazer as pessoas rirem é uma maneira cativante de mostrar o lado humano da sua marca.

O livro *Authentic marketing* fala também sobre histórias e dados. Segundo o autor, isso pode parecer conversa de marketing, mas, na verdade, além do já conhecido *storytelling* (*story* = "história"; *telling* = "contar"), existe uma nova abordagem que coloca as empresas como uma parte ativa da história criada, e não apenas como a contadora. É o chamado *storydoing* (*doing* = "fazer"), uma forma de mostrar o que sua empresa está *fazendo* para resolver um problema e tornar o mundo um lugar melhor.

Também é importante destacar os objetivos mensuráveis que sua empresa venha a alcançar efetivamente em determinado prazo – então acompanhe-os e quantifique-os à medida que você progride. Dados quantificáveis são importantes para validar esse progresso e devem ser incluídos na sua narrativa. Eles podem ser usados em tabelas e gráficos simples ou atrativos, e também em anúncios publicitários. Essa prática é conhecida como *datatelling*, que significa contar histórias por meio de dados (*data*).

Aqui estão algumas técnicas para criar histórias convincentes e atuais que darão vida ao seu propósito moral.

CONTE VISUALMENTE	Sem dúvida, as mídias visuais são o melhor formato atualmente. Distribua as histórias em várias delas para obter o máximo impacto.
SEJA SELETIVO COM AS PALAVRAS	Use termos vibrantes, descritivos, que evoquem emoções, despertem os sentidos e atraiam os leitores.
MANTENHA A ATIVIDADE	A jornada ética de sua empresa terá um começo e muitos capítulos, mas não deve ter um fim. Deve ser viva, pulsante e envolvente.
DESTAQUE A HUMILDADE	Dê destaque às pessoas em suas histórias. Compartilhe suas vozes (incluindo funcionários, clientes e fornecedores).
DEIXE A CRIATIVIDADE BRILHAR	Faça o melhor uso possível das ferramentas técnicas disponíveis e conte histórias com criatividade.
SEJA VERDADEIRO	As pessoas detectam até mesmo a menor tentativa de manipulação ou o "papo de vendedor" – então seja honesto e sincero, com uma dose de humildade (e sem arrogância).

6. A REINVENÇÃO DO "PAGUE UM, LEVE DOIS"

Uma das estratégias mais impactantes e tangíveis que uma empresa pode adotar é a abordagem do favor em cadeia (parte 3.7).

Uma vez identificadas as pessoas que mais se beneficiariam de seu produto ou serviço, mas que não têm condições de pagar por eles, você pode desenvolver uma ação para incluir a distribuição gratuita no seu plano de negócios do tripé de sustentabilidade.

Para obter o máximo retorno de suas mensagens de marketing, você pode transformar a velha tática do "pague um, leve dois" em *"pague um, doe um"*.

Essa ação vem sendo aplicada com sucesso por uma série de empresas inovadoras e conscientes:

TOMS SHOES

A TOMS Shoes melhora vidas por meio de um programa chamado One for One. Para cada produto adquirido, eles fornecem sapatos, perspectivas de futuro, água, parto seguro e campanhas de prevenção de *bullying* para pessoas carentes.

(cont.)

MINDFUL CHEF

O Mindful Chef, um serviço de receitas e de entrega de alimentos saudáveis, mantém um programa chamado One Feeds Two. A cada refeição comprada, é feita uma doação de merenda escolar para uma criança em situação de pobreza, totalizando mais de 1 milhão até o momento.

HEY GIRLS

A Hey Girls, no Reino Unido, oferece gratuitamente uma caixa de absorventes higiênicos a mulheres e meninas carentes a cada caixa vendida. Essa abordagem permite que meninas desfrutem da liberdade de uma vida normal nesse período, sem precisar, por exemplo, faltar à escola por não ter acesso a esses produtos.

Nem todas as empresas podem se comprometer com o modelo "pague um, doe um". Se for o caso da sua, considere o método *"pague um e doe algo ao mundo"*.

Outra iniciativa que você pode conhecer é a Pledge 1% – ação pioneira da Salesforce.org. Nela, as empresas se comprometem a doar anualmente 1% do patrimônio, 1% dos lucros, 1% do produto e/ou 1% do tempo dos funcionários a causas dignas.

Então, pense a quem você poderia doar seu produto (tempo e/ou lucro) e como isso poderia se tornar parte da sua história de marketing.

7. NAVEGANDO NA CONCORRÊNCIA

A ferramenta de mapeamento de mercado é um recurso altamente eficaz e muito versátil para a definição de transparência e autoridade estratégica em qualquer mercado.

Para o nosso propósito, ela pode ser usada para monitorar seu progresso ético e sua integridade em relação à concorrência. Trata-se de uma área em rápida evolução; portanto, esse exercício precisa ser feito regularmente para garantir que sua autoridade ética seja fundamentada – e também para verificar se seus concorrentes não estão ultrapassando suas conquistas, o que poderia tornar suas alegações de marketing frágeis ou inverídicas.

Para esse exercício "ético", utilizaremos um eixo vertical de rentabilidade contra um eixo horizontal de credenciais éticas. Posicione sua empresa e seus concorrentes no gráfico. Use os resultados para identificar onde você está atualmente, no seu mercado, em relação ao ponto em que gostaria de estar.

ALTA RENTABILIDADE

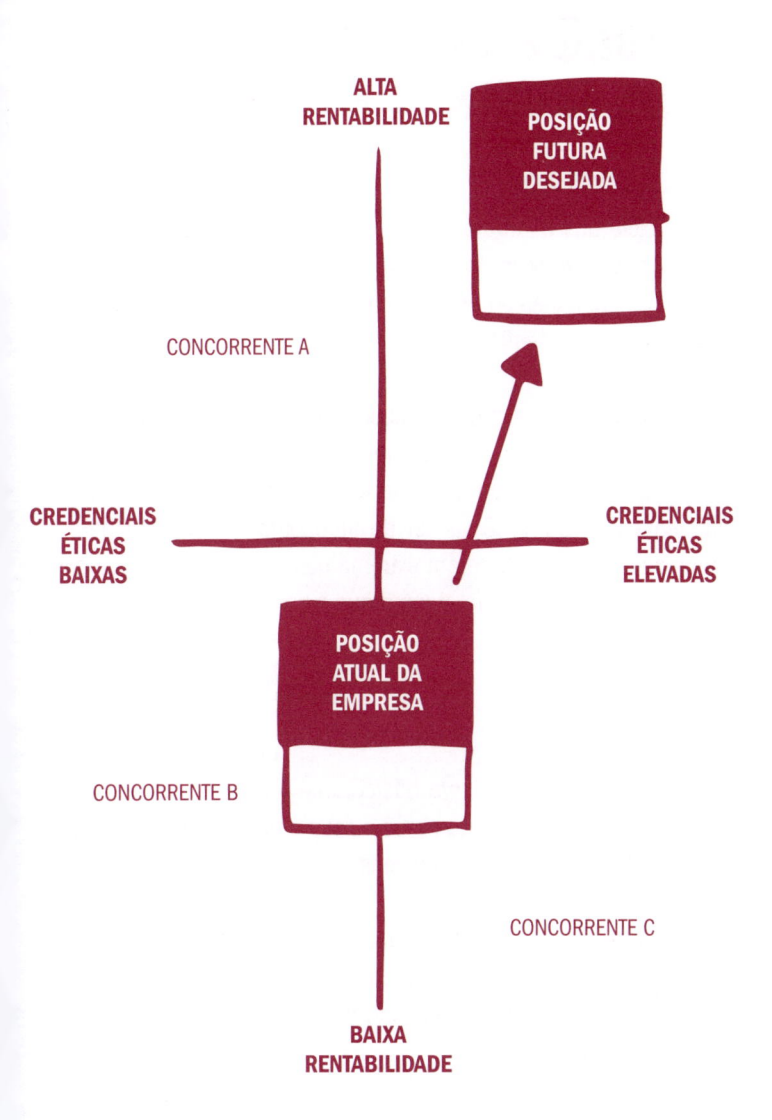

POSIÇÃO FUTURA DESEJADA

CONCORRENTE A

CREDENCIAIS ÉTICAS BAIXAS

CREDENCIAIS ÉTICAS ELEVADAS

POSIÇÃO ATUAL DA EMPRESA

CONCORRENTE B

CONCORRENTE C

BAIXA RENTABILIDADE

8. VOCÊ É UM AGENTE DE MUDANÇA ÉTICO?

O exercício dos três baldes foi apresentado por Adam Morgan em seu livro *The pirate inside* (2004). É uma forma extremamente útil de classificar ideias ou projetos e descobrir quão eficazes eles são, além de quão autênticos e "únicos".

No caso de iniciativas de marketing ético, é importante que você consiga entre elas uma boa combinação das três qualidades apresentadas no quadro ao lado. Se todas as iniciativas forem relativamente básicas, você vai ter de lutar para se destacar perante seus concorrentes. Se forem extremamente inovadoras, você corre o risco de ser visto como alguém que ignora o óbvio.

O exercício consiste em colocar suas ideias e iniciativas em um dos três "baldes".

À esquerda está o *brilhante básico*, que representa o "padrão de excelência". É o mínimo que você ou sua empresa deve estar fazendo corretamente, assim como seus concorrentes.

No meio está a *diferença convincente*. Estas são as ideias e iniciativas que estão "bem acima da média". São comprovadamente melhores que as dos seus concorrentes, mas não são exatamente impressionantes.

À direita está o *divisor de águas*. Estas são as "realmente extraordinárias". Distinguem-se totalmente no mercado e são realmente excepcionais.

BRILHANTE BÁSICO	DIFERENÇA CONVINCENTE	DIVISOR DE ÁGUAS

O ideal é que tudo o que ficar à esquerda esteja em andamento, ou completo.

Se não houver nada no meio, ou na direita, você precisa de iniciativas melhores.

9. ESFORÇO MÍNIMO, RETORNO MÁXIMO

Uma vez que você já tenha a sua lista detalhada de iniciativas éticas e sustentáveis, é importante priorizá-las e equilibrar o impacto nos negócios com o esforço ou os recursos necessários para alcançá-las. É melhor completar algumas iniciativas realmente importantes do que iniciar muitas e terminar poucas.

Aqui está uma matriz adaptada do livro *Conscious capitalism field guide*, de Sisodia, Henry e Eckschmidt (2018), que nos permite comparar os recursos previstos necessários (esforço) com o impacto no negócio – quer seja entusiasmo do cliente, engajamento dos funcionários, proteção ambiental ou recompensa financeira (retorno).

Os recursos são relativos ao tamanho da sua empresa. O que pode requerer três ou quatro pessoas pode representar um alto investimento para uma startup, mas algo mais fácil quando se trata de uma grande organização.

O uso desta matriz ajudará você a identificar quatro tipos de iniciativa:

NO ALTO, À ESQUERDA: iniciativas de alto retorno e baixo esforço = execute-as imediatamente.

NO ALTO, À DIREITA: iniciativas de alto retorno e alto esforço = planeje-as imediatamente.

ABAIXO, À ESQUERDA: iniciativas de baixo retorno e baixo esforço = pense mais a respeito delas.

ABAIXO, À DIREITA: iniciativas de baixo retorno e alto esforço = ignore-as.

Reúna sua equipe e gaste o tempo que for necessário até preencher a matriz. Em seguida, elabore um plano de ação com base no resultado.

ALTO RETORNO, BAIXO ESFORÇO	**ALTO RETORNO, ALTO ESFORÇO**
EXECUTE IMEDIATAMENTE	PLANEJE
PENSE MAIS A RESPEITO	IGNORE
BAIXO ESFORÇO, BAIXO RETORNO	**ALTO ESFORÇO, BAIXO RETORNO**

Outra matriz útil, do livro *Business ethics*, de Crane e Matten (2010), permite traçar iniciativas com base na relação custo *versus* fatores de bem-estar.

ACIMA, À ESQUERDA: baixo custo, alto fator de bem-estar = execute imediatamente.

ACIMA, À DIREITA: alto custo, alto fator de bem-estar = planeje e orce imediatamente.

ABAIXO, À ESQUERDA: baixo custo, baixo fator de bem-estar = pense mais a respeito.

ABAIXO, À DIREITA: alto custo, baixo fator de bem-estar = ignore.

ALTO

Baixo custo, alto fator de bem-estar	Alto custo, alto fator de bem-estar
EXECUTE IMEDIATAMENTE	**PLANEJE**
Baixo custo, baixo fator de bem-estar	Alto custo, baixo fator de bem-estar
PENSE MAIS A RESPEITO	**IGNORE**

Fator de bem-estar para consumidores ou funcionários

BAIXO

BAIXO — Custo de implementação — **ALTO**

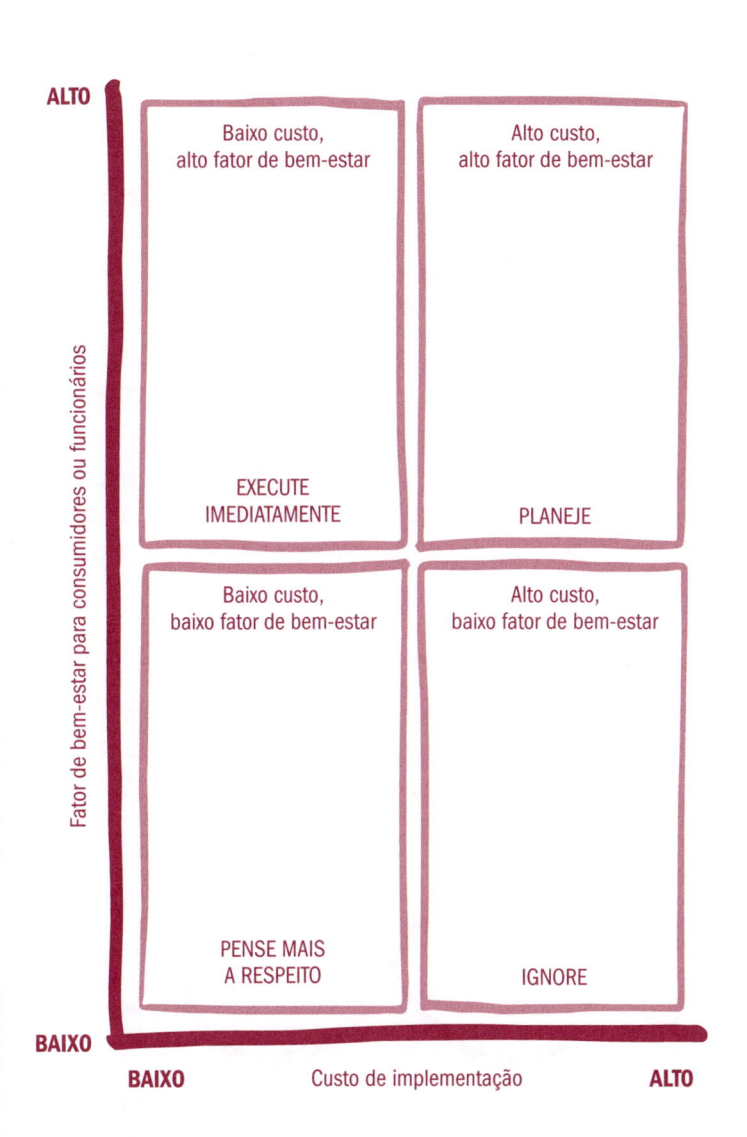

10. O CICLO ÉTICO INFINITO

Tornar-se um negócio mais ético e sustentável não é um projeto isolado – é algo que requer reavaliação constante para que se continue tendo sucesso. A cada dia, aprendemos mais sobre o comportamento humano e o estado do nosso planeta, por isso, tudo deve ser encarado como um cenário em constante evolução.

Embora parte significativa da elaboração de seu propósito moral esteja pronta desde o começo, o impacto das iniciativas resultantes precisa ser acompanhado de perto, e os dados, revisados, para que você possa continuar a proteger com sucesso os lucros, as pessoas e o planeta.

Por isso, mantenha o ciclo em movimento.

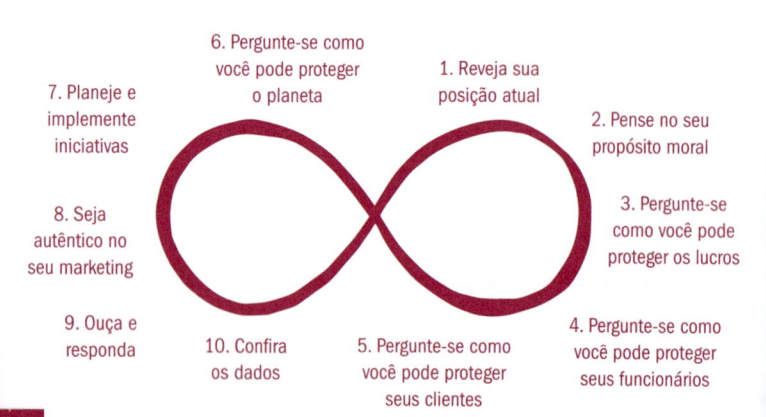

7. Planeje e implemente iniciativas

6. Pergunte-se como você pode proteger o planeta

1. Reveja sua posição atual

2. Pense no seu propósito moral

8. Seja autêntico no seu marketing

3. Pergunte-se como você pode proteger os lucros

9. Ouça e responda

10. Confira os dados

5. Pergunte-se como você pode proteger seus clientes

4. Pergunte-se como você pode proteger seus funcionários

1. **Reveja sua posição atual.**

2. **Pense no seu propósito moral.**

3. **Pergunte-se como você pode proteger os lucros.**

4. **Pergunte-se como você pode proteger seus funcionários.**

5. **Pergunte-se como você pode proteger seus clientes.**

6. **Pergunte-se como você pode proteger o planeta.**

7. **Planeje e implemente iniciativas.**

8. **Seja autêntico no seu marketing.**

9. **Ouça e responda.**

10. **Confira os dados.**

RECAPITULANDO

1. Entenda as características da era do marketing autêntico.
2. Examine os novos princípios do marketing ético.
3. Audite e elimine quaisquer exemplos de *greenwashing*.
4. Rastreie todas as alegações de que seu marketing seja muito pouco, muito barulhento ou muito atrasado.
5. Transforme histórias e análises de dados em ações, fatos e números, para que sejam usados como base em suas campanhas de marketing.
6. Descubra a quem você poderia doar seu produto e como isso pode se encaixar no seu marketing.
7. Fique atento ao seu discurso em relação ao da concorrência e em como ele está evoluindo.
8. Faça o exercício dos três baldes.
9. Complete os diagramas de esforço mínimo e retorno máximo.
10. Utilize o ciclo ético infinito para manter o projeto vivo e em andamento.

PENSAMENTOS ÉTICOS

CONSIDERAÇÕES FINAIS

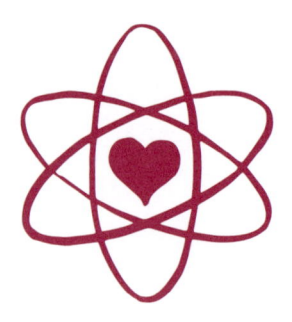

Quando embarquei neste livro, um dos meus principais objetivos era enfatizar para as empresas a necessidade de promover mudanças reais para o bem das pessoas e do planeta – e não apenas esperar que o departamento de marketing apresente campanhas atraentes e interessantes, mas com pouco ou nenhum conteúdo por trás.

O que aprendi é que o desafio foi maior do que eu esperava. Não é fácil para as empresas reestruturar retroativamente seus negócios de forma absolutamente ética. Mas as organizações podem dar passos significativos na direção certa, se realmente quiserem, e aderir efetivamente aos benefícios associados ao fato de serem mais éticas e sustentáveis. As melhores companhias estão sendo proativas agora, em vez de simplesmente esperar para responder à crescente opinião pública.

Quanto mais leio, mais me convenço de que os consumidores estão fartos de corporações gananciosas explorando os recursos do planeta. Eles estão exigindo mais e deixando isso claro por meio de boicotes.

Os negacionistas das mudanças climáticas continuarão existindo, sem dúvida, assim como os desafios em escala internacional, que estão fora do nosso controle. Mas a boa notícia é que o assunto, agora, está definitivamente em pauta.

Em setembro de 2015, a Assembleia Geral da ONU adotou a Agenda 2030 para o Desenvolvimento Sustentável.

Por isso, gostaria de concluir com um olhar sobre o panorama geral – os 17 Objetivos de Desenvolvimento Sustentável (ODS), destinados a *transformar nosso mundo* e a promover a prosperidade, enquanto protegem o planeta:

OBJETIVO 1:
ERRADICAÇÃO DA POBREZA
Acabar com a pobreza em todas as suas formas – em todos os lugares.

OBJETIVO 2:
FOME ZERO E AGRICULTURA SUSTENTÁVEL
Acabar com a fome, garantir a segurança alimentar, melhorar a nutrição e promover a agricultura sustentável.

OBJETIVO 3:
SAÚDE E BEM-ESTAR
Garantir vidas saudáveis e promover o bem-estar para todas as pessoas, em todas as idades.

(cont.)

OBJETIVO 4:
EDUCAÇÃO DE QUALIDADE
Assegurar uma educação de qualidade inclusiva e igualitária, e promover oportunidades de aprendizado ao longo da vida, para todos.

OBJETIVO 5:
IGUALDADE DE GÊNERO
Promover a igualdade de gênero e empoderar todas as mulheres e meninas.

OBJETIVO 6:
ÁGUA POTÁVEL E SANEAMENTO
Assegurar a disponibilidade e a gestão sustentável da água e do saneamento para todos.

OBJETIVO 7:
ENERGIA LIMPA E ACESSÍVEL
Garantir o acesso à energia econômica, confiável, sustentável e moderna para todos.

OBJETIVO 8:
TRABALHO DECENTE E CRESCIMENTO ECONÔMICO
Promover o crescimento econômico sustentável e inclusivo, emprego pleno e produtivo, e trabalho decente para todos.

(cont.)

OBJETIVO 9:
INDÚSTRIA, INOVAÇÃO E INFRAESTRUTURA
Construir uma infraestrutura adaptável, promover a industrialização inclusiva e sustentável e fomentar a inovação.

OBJETIVO 10:
REDUÇÃO DAS DESIGUALDADES
Reduzir as desigualdades internas e entre países.

OBJETIVO 11:
CIDADES E COMUNIDADES SUSTENTÁVEIS
Construir cidades e assentamentos humanos inclusivos, seguros, adaptáveis e sustentáveis.

OBJETIVO 12:
CONSUMO E PRODUÇÃO RESPONSÁVEIS
Garantir padrões de consumo e produção sustentáveis.

(cont.)

OBJETIVO 13:
AÇÃO CONTRA A MUDANÇA GLOBAL DO CLIMA
Tomar medidas urgentes para combater as mudanças climáticas.

OBJETIVO 14:
VIDA NA ÁGUA
Conservar e utilizar de forma sustentável os oceanos, mares e recursos marinhos.

OBJETIVO 15:
VIDA TERRESTRE
Proteger, restaurar e promover o uso sustentável dos ecossistemas terrestres, administrar de forma sustentável as florestas, combater a desertificação e deter a degradação da terra e a perda da biodiversidade.

OBJETIVO 16:
PAZ, JUSTIÇA E INSTITUIÇÕES EFICAZES
Promover sociedades pacíficas e inclusivas para o desenvolvimento sustentável e proporcionar o acesso à justiça para todos.

(cont.)

> **OBJETIVO 17:**
> **PARCERIAS E MEIOS DE IMPLEMENTAÇÃO**
> Fortalecer os meios de implementação e revitalizar as parcerias globais para o desenvolvimento sustentável.

Para mais detalhes, visite: https://nacoesunidas.org/pos2015/agenda2030/.

Estes são, sem dúvida, objetivos grandiosos, mas eles se referem aos desafios globais que enfrentamos agora.

Todos nós temos a responsabilidade de proteger as pessoas ao nosso redor e nosso planeta. A pesquisa para este livro afetou meu próprio comportamento (nos negócios e em casa). Mas sei também que tenho muito a melhorar.

Portanto, espero que vocês se juntem a mim para fazer as mudanças (grandes ou pequenas) que puderem e torcer para que, coletivamente, possamos fazer a diferença.

Eu adoraria ouvir (e compartilhar) suas jornadas éticas. Por favor, me escreva um e-mail: **sarah@sleepinglion.co.uk**.

Fique de olho em **ethicalbusinessblog.com** para atualizações, estudos de caso e leituras complementares.

Sarah Duncan
Westminster, 2019.

REFERÊNCIAS E LEITURAS COMPLEMENTARES

O acervo bibliográfico sobre práticas empresariais éticas e sustentáveis ainda é relativamente pequeno, mas está em constante crescimento. Os resumos sobre os principais títulos utilizados para a confecção desta obra podem ser encontrados em: ethicalbusinessblog.com. Consulte o blog regularmente, pois a lista abaixo continuará a ser atualizada após a publicação deste livro.

REFERÊNCIAS (EM INGLÊS)

BERNERS-LEE, Mike. **There is no Planet B**: a handbook for the make or break years. Cambridge: Cambridge University Press, 2019.

CONE COMMUNICATIONS. **2016 Cone Communications Millennial Employee Engagement Study**. 2016.

CONRAD, Christian; THOMPSON, Marjorie Ellis. **The new brand spirit**: how communicating sustainability builds brands, reputations and profits. Abingdon: Routledge, 2013.

CRANE, Andrew; MATTEN, Dirk. **Business ethics**: managing corporate citizenship and sustainability in the age of globalization. Oxford: Oxford University Press, 2010.

DAISLEY, Bruce. **The joy of work**: 30 ways to fall in love with your job again. London: Penguin Random House, 2019.

GOFFEE, Rob; JONES, Gareth R. **Clever**: leading your smartest, most creative people. Brighton: Harvard Business Review Press, 2009.

GOFFEE, Rob; JONES, Gareth R. **Why should anyone work here?** What it takes to create an authentic organization. Brighton: Harvard Business Review Press, 2015.

GRAYSON, David; COULTER, Chris; LEE, Mark. **All in**: the future of business leadership. Abingdon: Routledge, 2018.

HELM, Dieter. **Natural capital**: valuing the planet. New Haven: Yale University Press, 2015.

HIRST, Chris. **No bullshit leadership**: why the world needs more everyday leaders and why that leader is you. London: Profile Books, 2019.

JEANRENAUD, Sally; JEANRENAUD, Jean-Paul; GOSLING, Jonathan. **Sustainable business**: a one planet approach. Hoboken: John Wiley & Sons, 2016.

KIELBURGER, Craig; BRANSON, Holy; KIELBURGER, Marc. **WEconomy**: you can find meaning, make a living, and change the world. Hoboken: John Wiley & Sons, 2018.

LENCIONI, Patrick. **The five dysfunctions of a team**: team assessment. Hoboken: John Wiley & Sons, 2002.

MACLEOD, David; CLARKE, Nita. **Engaging for success**: enhancing performance through employee engagement – a report to Government. London: Department for Business, Innovation and Skills, 2009.

MILLS, Ian *et al*. **The salesperson's secret code**: the belief systems that distinguish winners. London: LID Publishing, 2017.

MORGAN, Adam. **The pirate inside**: building a challenger brand culture within yourself and your organization. Hoboken: John Wiley & Sons, 2004.

OTTMAN, Jacquelyn. **The new rules of green marketing**: strategies, tools, and inspiration for sustainable branding. Sheffield: Greenleaf Publishing, 2010.

PINK, Daniel H. **Drive**: the surprising truth about what motivates us. Edinburgh: Canongate, 2011.

PRINGLE, Hamish; GORDON, William. **Brand manners**: how to create the self-confident organisation to live the brand. Hoboken: John Wiley & Sons, 2003.

RICHER, Julian. **The ethical capitalist**: how to make business work better for society. London: Penguin Random House, 2018.

SCOTT, Jonathan T. **The sustainable business**: a practitioner's guide to achieving long-term profitability and competitiveness. Sheffield: Greenleaf Publishing, 2013.

SINHA, Gaurav. **Compassion Inc**.: unleashing the power of empathy in life and business. London: Ebury Press, 2018.

SISODIA, Raj; HENRY, Timothy; ECKSCHMIDT, Thomas. **Conscious capitalism field guide**: tools for transforming your organization. Brighton: Harvard Business Review Press, 2018.

WEBER, Larry. **Authentic marketing**: how to capture hearts and minds through the power of purpose. Hoboken: John Wiley & Sons, 2019.

SITES

Em inglês:

Carbon Trust: www.carbontrust.com

Certified B Corporation: www.bcorporation.net

Hey Girls: www.heygirls.co.uk

Interface: www.interface.com

Mindful Chef: www.mindfulchef.com

Salesforce.org: www.salesforce.org

The Ethical Business Blog: www.ethicalbusinessblog.com

The Sustainable Restaurant Association: www.thesra.org

TOMS: www.toms.co.uk

UK Department for Environment, Food and Rural Affairs: www.defra.gov.uk

UN Sustainable Development Goals: www.un.org/sustainabledevelopment

Em português:

Sistema B Brasil: www.sistemab.org

17 Objetivos de Desenvolvimento Sustentável – ONU Brasil: https://nacoesunidas.org/pos2015/agenda2030/

AGRADECIMENTOS

Agradeço muito pelos sábios comentários e pelo apoio fantástico de Mark Earls, Jon Khoo, Giles Gibbons, Peter Hancock, Stephan Loerke, Dra. Sally Marlow, Fergus Boyd, Steven Day, Paul Edwards, Marjorie Ellis Thompson, Chris Hirst, Richard Morris, Hamish Pringle, Mark Smith, Kaye Taylor, Ceri Tinley e Kate Thompson.

Obrigada também a Andrew White (Triggerfish PR), Cameron Wilson (EcoAct) e Jane Pendlebury (HOSPA) pelas gentis palavras de apoio. E agradecimentos especiais a Sara Marshall por todo o seu carinho e encorajamento constante.

Para minhas enteadas incríveis e talentosas, Rosie e Shaunagh: não tenho palavras para agradecer pelo entusiasmo, os *insights* e as contribuições inestimáveis que deram a este livro.

E, finalmente, meu amor e agradecimento vão para meu marido, Kevin, por ser simplesmente maravilhoso.

O mundo é um lugar melhor com vocês.

SOBRE A AUTORA

SARAH DUNCAN é consultora e treinadora especializada em desenvolvimento de empresas. Atua na área há mais de 30 anos, tendo começado com hotéis de luxo, passando depois pelo desenvolvimento de clubes privados e spas na Ásia, até montar sua própria consultoria, a Sleeping Lion, em 2005. Tem acompanhado com interesse a entrada da sustentabilidade na pauta global, impulsionada conjuntamente por empregados e consumidores eticamente mais conscientes.

Atualmente, oferece consultoria e *workshops* sobre comportamento ético e responsável.

Contato:

sarah@sleepinglion.co.uk
@sleepinglion
ethicalbusinessblog.com
sleepingliononline.com